하루 두 글자로 완성하는 어휘력·문해력

김연수(현직 한문 교사, 교과서 집필 위원) 지음

최소한의

2권

초등
한자

더블북

무작정 한자를 쓰고 외우는 공부는 이제 그만!

최근 당연히 알아야 할 기초 어휘의 뜻을 몰라서 어려움을 겪는 아이들이 많아졌어요. 그런 아이들을 만나면 '한자 몇 글자만 알아도 어휘의 뜻을 쉽게 알 수 있을텐데'라는 생각에 안타까웠어요. 그래서 오랫동안 학교에서 아이들과 함께한 쉽고 재미있고 효과적인 한자 공부 노하우를 이 책에 담았어요. 무작정 한자를 쓰고 외우는 공부는 이제 그만! 어휘를 이해하고 확장하는 한자 공부 함께 시작해요!

한자는 왜 알아야 할까요?

우리는 한글을 사용하지만, 우리말에는 한자가 숨어 있어요. 일상적으로 사용하는 말에는 60% 이상, 교과서 속에는 90% 가까이 한자 어휘가 사용되지요. 생각보다 정말 많지요? 그래서 한자를 알면 많은 어휘의 뜻을 쉽고 정확하게 이해할 수 있어요. 또 잘 모르는 어휘를 만났을 때 뜻을 유추하는 힘도 생기지요. 교과서 속 개념들은 대개 한자어예요. 한자를 알면 개념을 쉽게 파악할 수 있어서 공부가 쉽게 느껴질 거예요.

그럼 한자는 어떻게 공부해야 할까요?

먼저 쉬운 한자와 자주 쓰이는 한자를 이미지와 함께 단계적으로 배워요. 그다음 배운 한자가 쓰인 일상 어휘와 교과 어휘를 공부하며 뜻을 정확하게 공부해요. 하나의 한자를 알면 연관된 많은 어휘를 한 번에 학습할 수 있어요. 또한, 한자와 어휘를 연결하면 의미 파악이 쉬워져 어휘에 대한 자신감이 생겨요.

한자는 공부의 기본이에요. 공부를 쉽게 만들어 주는 훌륭한 도구이지요. 한자를 공부하며 어휘 자신감, 공부 실력까지 쑥쑥 키워 보세요!

김연수 드림

이 교재의 특징

한자 → 어휘 → 교과 연계 지문
3가지 학습을 한 번에 할 수 있어요!

최신
2022 개정
교육과정
성취기준
반영!

이 책으로 공부하면
이런 점이 좋아요.

1

한자, 어휘,
한자 성어까지 알찬 구성

60개의 한자와 147개의 어휘,
30개의 한자 성어를
학습할 수 있어요.

2

차근차근
단계별 학습

7급 위주 한자, 생활 및
교과 기초 한자로
구성했어요.

3

정확한 어휘 이해

한자의 뜻을 최대한 살린
쉽고 직관적인 어휘 설명으로
이해를 도와요.

4

학년에 맞춘
문해력 향상

3~4학년 교과 연계
지문을 읽고 문제를 풀며
독해력과 교과 지식까지
쌓을 수 있어요.

5

재미있는 한자 공부

한자 확인, 어휘 활용 예문,
이미지 연상, 한자 성어 연계
문항, 퍼즐 등 다양한 유형의
문제로 즐겁게 공부해요.

이 교재의 구성

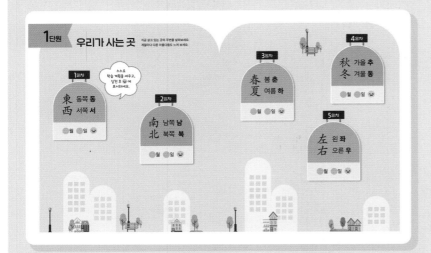

단원 구성

- 하루 2자, 5일씩 한 단원을 구성했어요.
- 5단계로 알차고 재미있게 학습해요.
- 스스로 학습 계획을 세우고 점검하며 자기 주도 학습을 해요.
- 획이 적고 쉬운 한자부터 단계적으로 학습해요.
- 우리가 사는 곳, 세상, 자연, 생각, 말, 생활까지 '우리'를 기준으로 주제를 확대하여 어휘를 배워요.

1단계 한자와 만나기

- 서로 관련 있는 한자를 2자씩 묶어서 학습해요.
- 한자의 자원과 관련된 이미지를 통해 한자를 효과적으로 연상해요.
- 한자를 따라 쓰면서 익혀요.

2단계 어휘와 만나기

- 오늘 배운 한자가 들어간 어휘를 학습해요.
- 한자의 뜻이 녹아 있는 어휘 풀이를 읽고 정확하게 익혀요.

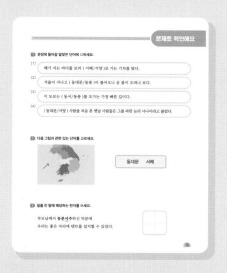

3단계 교과서와 만나기

- 오늘 배운 어휘가 들어간 교과 연계 지문을
  읽으며 독해 실력과 교과 지식을 쌓아요.
- 오늘 배운 한자와 관련 있는 한자 성어로
  어휘력과 사고력을 동시에 키워요.

4단계 문제로 확인해요

- 다양한 유형의 문제를 풀며 오늘 배운
  한자와 어휘를 확인해요.

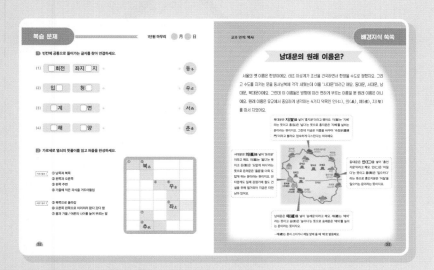

5단계 복습 문제 + 배경지식 쑥쑥

- 단원에서 배운 한자와 어휘를
  재미있는 문제를 풀며 다시 한번
  복습해요.
- 한자와 관련된 교과 연계 글을
  읽으면서 배경지식을 쌓아요.

시작하기 전, 이것만은!

1 한자란 무엇일까요?

한자(漢字)는 중국에서 아주 오래전부터 쓰던 문자로, 한(漢)나라 때 지금의 글자 모습이 갖추어졌어요. 그래서 '한나라의 글자'라는 뜻에서 '한자'라고 불러요. 한자는 중국 주변 나라로 퍼져나가 오랜 시간 동안 영향을 주었어요. 지금도 한국, 일본 등 여러 국가에서 사용하는 동아시아 공동글자랍니다.

2 한자는 뜻과 소리를 가지고 있어요

한자는 글자가 뜻을 나타내는 뜻글자예요. 그래서 한자는 모양, 뜻, 소리를 가지고 있어요.

'人'이란 모양의 한자는 '사람'이란 뜻을 나타내고, '인'이라고 읽어요.

우리나라는 오랫동안 한자를 사용해 왔어요. 그래서 한자를 기초하여 만들어진 한자 어휘가 많아요. 뜻글자인 한자를 사용한 어휘는 의미를 정확하고 짧게 나타낼 수 있어서 학습에 필요한 개념어에 많이 쓰여요.

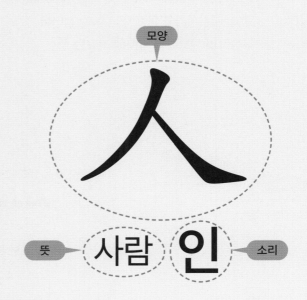

③ 한자는 획이 있어요

한자는 전체적으로 정사각형 모양이에요. 위아래, 양옆의 균형과 비례를 생각하면서 써요. 한자에는 한글에 있는 동그라미가 없지만, 한글에 없는 획들이 있어요. 옆에 제시된 획을 알아두면 한자를 더욱 쉽게 익힐 수 있어요.

점　　　갈고리　　　삐침　　　파임

④ 한자는 이렇게 써요

한자를 쓰는 순서를 '필순'이라고 해요. 꼭 모든 획의 필순을 지켜야 하는 것은 아니지만 다음과 같은 간단한 원칙 몇 가지만 알고 있어도 한자를 바르고 쉽게 쓸 수 있어요.

1. 위에서 아래로 쓴다.　三 → 一 二 三

2. 왼쪽에서 오른쪽으로 쓴다.　心 → 丶 心 心 心

3. 좌우의 모양이 같을 때는 가운데를 먼저 쓴다.　小 → 亅 小 小

목차

우리가 사는 곳

지금 살고 있는 곳의 주변을 살펴보세요.
계절마다 다른 아름다움도 느껴 보세요.

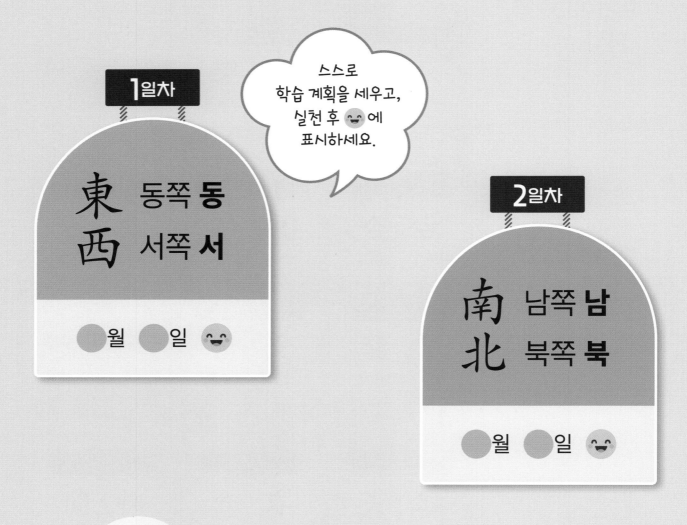

1일차

스스로
학습 계획을 세우고,
실천 후 😊에
표시하세요.

東 동쪽 **동**
西 서쪽 **서**

⬤월 ⬤일 😊

2일차

南 남쪽 **남**
北 북쪽 **북**

⬤월 ⬤일 😊

3일차

春 봄**춘**
夏 여름**하**

● 월 ● 일 😄

4일차

秋 가을**추**
冬 겨울**동**

● 월 ● 일 😄

5일차

左 왼**좌**
右 오른**우**

● 월 ● 일 😄

뜻 　 소리

동쪽 　 **동**

나무 사이로 해가 떠올라요.
해가 뜨는 방향인 동쪽을 뜻해요.

뜻 　 소리

서쪽 　 **서**

해가 지면 새가 둥지로 돌아와 쉬어요.
해가 지는 방향인 서쪽을 뜻해요.

🔊 한자를 쓰면서 익혀요.

📕 '동'과 '서'에 ○하고, 한자를 따라 쓰세요.

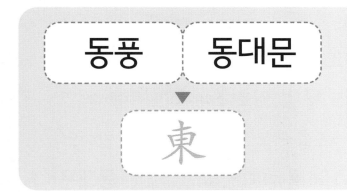

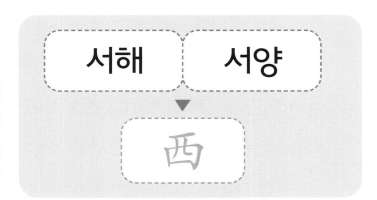

📕 단어를 읽고 쓰세요. 東과 西의 뜻을 찾아 ○하세요.

| 東西 | 동서 |  |

東풍
風 바람 풍

동쪽에서 부는 바람

東대문
大 큰 대 門 문 문

조선 시대 한양의 **동쪽** 정문

🔍 동대문의 원래 이름은 '흥인지문(興仁之門)'이에요.

西해
海 바다 해

서쪽 바다

🔍 우리나라는 삼면이 바다로 둘러싸여 있어요. 서해, 동해, 남해가 있지요.

西양
洋 큰 바다 양

서쪽의 여러 나라

🔍 주로 유럽과 아메리카의 여러 나라를 가리켜요.

📢 다음 글을 읽고 물음에 답하세요.

나는 **서해**가 잘 보이는 동네에 살고 있어요. 우리 동네는 바다 풍경이 정말 아름다워요. 또 갯벌이 있어서 조개 캐기 체험도 할 수 있고 조개구이도 먹을 수 있어요. 주말이면 사람들이 **동서**를 가로지르는 국도를 타고 우리 동네로 많이 찾아와요. 우리 가족은 반대로 동네를 떠나 서울로 나들이를 가지요. 이번 주에는 **동대문** 역사관에 가기로 했어요.

(교과 연계) 4학년 사회 [4사05-02] 지도에서 우리 지역의 위치를 파악하고, 우리 지역의 지리 정보를 탐색한다.

(1) 내가 살고 있는 동네는 어떤 바다가 잘 보이나요?

(2) 이번 주말에 가족과 어디에 가기로 했나요?   역사관

📑 **어휘가 자라는 오늘의 한자 성어**

東	奔	西	走
동	분	서	주
동쪽	달릴	서쪽	달릴

동쪽으로 달리고 서쪽으로 달리는 것처럼 사방으로 이리저리 몹시 바쁘게 돌아다닌다는 말이에요.

1 문장에 들어갈 알맞은 단어에 ○하세요.

(1)
> 해가 지는 바다를 보러 (서해/서양)로 가는 기차를 탔다.

(2)
> 겨울이 지나고 (동대문/동풍)이 불어오니 곧 봄이 오려나 보다.

(3)
> 이 도로는 (동서/동풍)를 오가는 가장 빠른 길이다.

(4)
> (동대문/서양) 사람을 처음 본 옛날 사람들은 그를 파란 눈의 사나이라고 불렀다.

2 다음 그림과 관련 있는 단어를 고르세요.

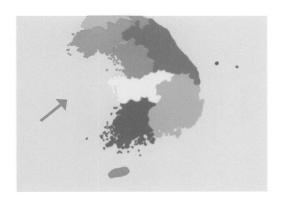

동대문   서해

3 밑줄 친 말에 해당하는 한자를 쓰세요.

부모님께서 **동분서주**하신 덕분에
우리는 좋은 자리에 텐트를 설치할 수 있었다.

뜻	소리
남쪽	**남**

남쪽에 걸려 있던 종의 모습이에요.

뜻	소리
북쪽	**북**

두 사람이 등지고 있어요.

■ 한자를 쓰면서 익혀요.

一 十 十 南 南 南 南 南 南

丨 丬 丬 北 北

■ '남'과 '북'에 ○하고, 한자를 따라 쓰세요.

■ 단어를 읽고 쓰세요. 南과 北의 뜻을 찾아 ○하세요.

南北	남북	(남쪽)과(북쪽)

南극		지구 **남쪽** 끝 지역

極 다할 극

南향		**남쪽** 방향

向 향할 향

北한		대한민국 휴전선 **북쪽** 지역

韓 나라 한

🔎 우리나라는 '남한(南韓)'이라고 해요.

北상		**북쪽**으로 올라감

上 위 상

🔎 上은 '올라간다'라는 뜻이 있어요. 보통 북쪽으로 가는 것을 '북상(北上)', 남쪽으로 가는 것을 '남하(南下)'라고 해요.

💬 다음 글을 읽고 물음에 답하세요.

> 오늘은 과학 시간에 우리나라 기후의 특성에 대해 배웠어요. 우리나라는 여름에 남태평양에서 발생하여 **북상**하는 태풍으로 인하여 큰 피해를 볼 때가 많아요. 또 **남북**으로 긴 모양을 하고 있어서 북쪽 지역이 남쪽에 비해 겨울이 일찍 오고, 봄이 늦게 와요. 산이 많은 동북부 지역은 특히 더 추워요.

(교과 연계) 4학년 과학 [4과16-01] 기후변화 현상의 예를 알고, 기후변화가 인간의 활동과 관련되어 있음을 토의할 수 있다.

(1) 우리나라는 여름에 무엇 때문에 피해를 보나요?

남태평양에서 발생하여 　　　　　　　　하는 태풍

(2) 우리나라는 어떤 모양인가요?

　　　　　　　　으로 긴 모양

어휘가 자라는 오늘의 한자 성어

南	橘	北	枳
남	귤	북	지
남쪽	귤	북쪽	탱자

남쪽의 귤을 북쪽에 심으면 탱자가 되는 것처럼 사람도 사는 곳의 환경에 따라 착하게도 되고 악하게도 된다는 뜻이에요.

1 문장에 들어갈 알맞은 단어에 ○하세요.

(1) 지구 온난화로 (남극/북상)의 얼음이 녹고 있다.

(2) 우리 집은 (남극/남향)이라 햇볕이 잘 들고 따뜻하다.

(3) 태백산맥은 (북상/남북)으로 길게 뻗어 있다.

(4) 태풍의 (북상/남극)으로 모든 배의 운행이 멈추었다.

2 다음 사진과 관련 있는 단어를 고르세요.

남북   남극

3 밑줄 친 말에 해당하는 한자를 쓰세요.

나쁜 친구들과 어울리더니 자꾸 거친 말을 하는 내 짝꿍,
남귤<u>북</u>지는 틀림없는 말이다.

뜻 소리

봄 춘

풀 사이로 해가 떠올라요.

뜻 소리

여름 하

뜨거운 햇볕 아래 천천히 걷고 있는
사람의 모습이에요.

📢 한자를 쓰면서 익혀요.

一 二 三 声 夫 表 春 春 春

一 一 一 一 一 百 百 百 頁 夏 夏

■ '춘'과 '하'에 ○하고, 한자를 따라 쓰세요.

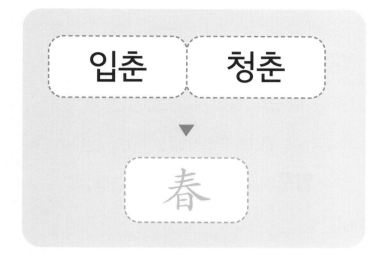

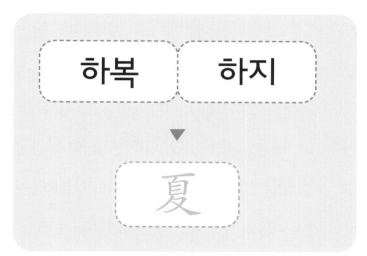

■ 단어를 읽고 쓰세요. 春과 夏의 뜻을 찾아 ○하세요.

입春
立 설 립
입춘

봄의 시작
🔍 24절기의 첫 절기로 봄의 시작을 알려요. 24절기란 1년을 계절과
날씨에 따라 24개로 나눈 것이에요.

청春
靑 푸를 청

푸른 새싹이 돋아나는 **봄**
🔍 젊은 나이나 젊은 시절을 뜻해요.

夏복
服 옷 복

여름에 입는 옷

夏지
至 이를 지

여름이 절정에 이름
🔍 24절기 중 하나로 1년 중 낮이 가장 긴 날이에요.

📖 다음 글을 읽고 물음에 답하세요.

중학교에 다니는 우리 형이 다음 주부터 입을 **하복**을 세탁소에 맡기러 갔어요. 그러고 보니 낮이 점점 길어져서 6시가 넘었는데도 어둡지 않고 밝아요. 1년 중 낮이 가장 길다는 **하지**에는 저녁 7시 30분이 넘어야 해가 저물어요. 지난 2월에 **입춘**을 맞아 할아버지 댁에 가서 대문에 크게 '**입춘**대길'이라고 써 붙였는데, 벌써 여름이 오다니! 시간이 참 빠르게 느껴져요.

(교과 연계) 3학년 사회 [4사04-01] 옛날 풍습에 대해 알아보고, 오늘날과 비교하여 변화상을 파악한다.

(1) 1년 중 낮이 가장 긴 날은 언제인가요?

(2) 지난 2월에 어떤 날을 맞아 할아버지 댁에 갔나요?

어휘가 자라는 오늘의 한자 성어

立	春	大	吉
입	춘	대	길
설	봄	큰	길할

입춘은 24절기 중 하나로 봄이 시작되는 날이에요. 입춘을 맞이해 좋은 일이 생기길 바라며 문이나 벽에 붙이는 글귀예요.

1 문장에 들어갈 알맞은 단어를 찾아 연결하세요.

(1)

　　　　　　이 지나자 추위가 한풀 꺾였다.　　●

●　청춘

(2)

노인은 지나간 　　　　　　을 되돌아보며 미소 지었다.　　●

●　하복

(3)

　　　　　　을 입기엔 아침에는 아직 춥다.　　●

●　입춘

2 다음 사진을 보고 해당하는 한자를 찾아 연결하세요.

　　●

●　春

●　夏

3 다음 중 하(夏)가 쓰인 단어 2개를 찾아 ○하세요.

- **하계** 올림픽 종목에는 수영, 양궁, 배드민턴 등이 있다.
- 안 쓰는 물건을 **지하** 창고에 넣어 두었다.
- 날씨가 더워지자 선생님께서 **하복**을 입고 등교하라고 하셨다.

도움말
'여름'과 관련된 단어를 골라 보세요.
다른 하나는 아래 하(下)를 써요.

秋

뜻 소리

가을 **추**

햇볕에 잘 익은 곡식을 거두어들이는
가을이에요.

冬

뜻 소리

겨울 **동**

얼음 위를 천천히 걷는 모습이에요.

한자를 쓰면서 익혀요.

◧ '추'와 '동'에 ○하고, 한자를 따라 쓰세요.

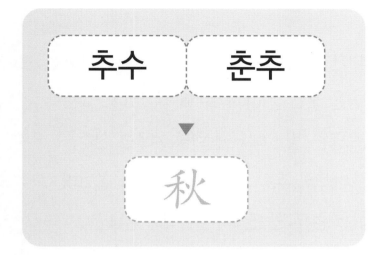
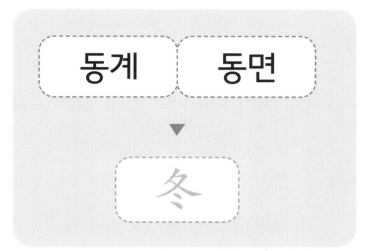

◧ 단어를 읽고 쓰세요. 秋와 冬의 뜻을 찾아 ○하세요.

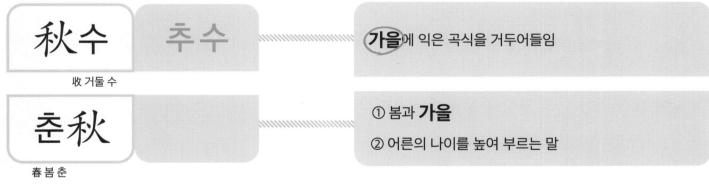

秋수
收 거둘 수

춘秋
春 봄 춘

가을에 익은 곡식을 거두어들임

① 봄과 가을
② 어른의 나이를 높여 부르는 말

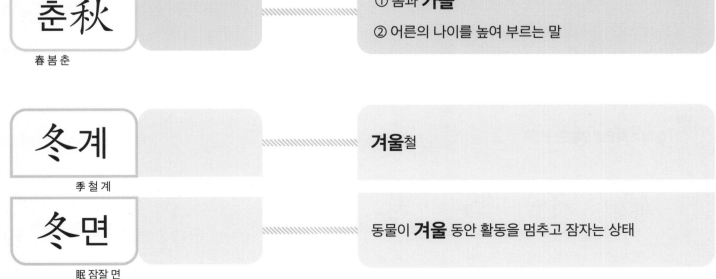

冬계
季 철 계

冬면
眠 잠잘 면

겨울철

동물이 겨울 동안 활동을 멈추고 잠자는 상태

■ 다음 글을 읽고 물음에 답하세요.

추수를 앞둔 논이 황금빛으로 물들었던 때가 엊그제 같은데 벌써 겨울 방학이 시작됐다. 요즘 나는 **동계** 올림픽 중계방송을 보는 재미에 푹 빠져 있다. 쇼트트랙, 스키 점프, 봅슬레이 등 하얀 눈과 투명한 빙판에서 실력을 겨루는 선수들의 모습이 참 멋지다. 그런데 늦은 밤이나 새벽에 주로 경기를 해서 밤을 샐 때가 많다. 그래서 낮에는 거의 **동면**하는 동물처럼 잠만 잔다. 올림픽이 끝나면 다시 일찍 자고 일찍 일어나는 규칙적인 생활로 돌아가야겠다.

(교과 연계) 3학년 체육 [4체01-04] 건강을 위한 바른 생활 습관을 이해하고 생활 속에서 규칙적으로 실천한다.

(1) 요즘 무엇을 보는 재미에 푹 빠져 있나요?   올림픽 중계방송

(2) 낮에 잠만 자는 나의 모습을 무엇에 비유했나요?   하는 동물

어휘가 자라는 오늘의 한자 성어

嚴	冬	雪	寒
엄	동	설	한
엄할	겨울	눈	찰

눈이 내리는 몹시 추운 겨울을 뜻해요.

1 문장에 들어갈 알맞은 단어를 찾아 연결하세요.

(1)
가을 ⬚⬚⬚ 가 한창이라 온 동네 사람들이 바쁘다.   •

(2)
추운 겨울에는 먹이를 구하기 힘들어서 많은 동물이 ⬚⬚⬚ 을 한다.   •

(3)
할머니께 ⬚⬚⬚ 가 어떻게 되시는지 여쭤보았다.   •

• 춘추

• 동면

• 추수

2 다음 사진을 보고 해당하는 한자를 찾아 연결하세요.

•

• 冬

• 秋

3 다음 중 동(冬)이 쓰인 단어 2개를 찾아 ○하세요.

• 새싹이 돋는 봄이 되자 **동면**하던 개구리가 깨어났다.

• 이 **엄동설한**에 옷도 제대로 챙겨 입지 않고 외출하다니!

• 손만 대면 **자동**으로 문이 열리고 닫힌다.

도움말
'겨울'과 관련된 단어를 골라 보세요.
다른 하나는 움직일 동(動)을 써요.

左

뜻	소리
왼쪽	**좌**

왼손으로 도구를 들고 있는 모습이에요.

右

뜻	소리
오른쪽	**우**

주로 오른손으로 밥을 먹는다고 하여
오른손과 입으로 오른쪽을 나타냈어요.

📙 한자를 쓰면서 익혀요.

一 ナ 左 左 左

ノ ナ オ 右 右

📝 '좌'와 '우'에 ○하고, 한자를 따라 쓰세요.

📝 단어를 읽고 쓰세요. 左와 右의 뜻을 찾아 ○하세요.

左右	좌우	(왼쪽)과 (오른쪽)
左지右지 之갈지　之갈지		① **왼쪽**으로 했다가 **오른쪽**으로 했다가 하는 모습 ② 이리저리 제 마음대로 휘두르거나 다룸
右왕左왕 往갈왕　往갈왕		**오른쪽, 왼쪽**으로 이리저리 왔다 갔다 함
左측 側곁측		**왼쪽** 주변
右회전 回돌회 轉구를전		**오른쪽**으로 돌다

📢 **다음 글을 읽고 물음에 답하세요.**

등굣길에는 큰 차도가 있어 항상 조심해야 한다. 엄마는 아침마다 말씀하신다.

"신호등이 초록불일 때도 반드시 **좌우**를 살피고 건너야 한다!"

오늘 아침에는 빠른 속도로 달려오는 차가 무서워서 **우왕좌왕**하는 1학년 아이들을 보았다. 내가 동생들의 손을 꼭 잡고 함께 횡단보도를 건넜다. 동생들이 멋지다며 엄지를 척 들어 올렸다.

(교과 연계) 4학년 도덕 [4도02-03] 공감의 태도가 필요한 이유를 이해하고 도덕적 상상력을 바탕으로 대상과 상황에 따라 감정을 나누는 방법을 탐구하여 실천한다.

(1) 신호등이 초록불일 때도 길을 건너기 전에는 어떻게 해야 하나요?

　　　　　　　　　　　　　　　를 살핀다

(2) 오늘 아침 1학년 아이들의 어떤 모습을 보았나요?

　　　　　　　　　　　　　　　하는 모습

어휘가 자라는 오늘의 한자 성어

左	衝	右	突
좌	충	우	돌
왼	찌를	오른	부딪힐

왼쪽으로 찌르고 오른쪽으로 부딪힌다는 뜻으로
어떤 일에 계획 없이 나섰다가
어려움을 겪는 모습을 나타내는 말이에요.

1 문장에 들어갈 알맞은 단어를 찾아 연결하세요.

(1)
교문에서 _____ 을 하면
바로 문구점이 있다. •

• 우회전

(2)
반장이라고 모든 일을 마음대로
_____ 하면 안된다. •

• 좌지우지

2 다음 뜻을 보고 빈칸에 해당하는 단어를 찾아 ○하세요.

뜻 이리저리 왔다 갔다 하며 방향을 잡지 못함.

예문 비상벨 소리에 건물에 있던 사람들이 모두
_____ 했다.

전	우	명
대	왕	자
회	좌	축
전	왕	비

3 다음 중 우(右)가 쓰인 단어 2개를 찾아 ○하세요.

• 갑자기 쾅 하는 소리가 들려 **좌우**를 살펴보았다.

• **우산**이 없어서 비를 맞고 학원에 갔다.

• 우리 군이 갑자기 나타나 기습 공격을 하자
적군은 **좌충우돌**하며 도망갔다.

도움말

'오른쪽'과 관련된 단어를 골라 보세요.

다른 하나는 비 우(雨)를 써요.

1 빈칸에 공통으로 들어가는 글자를 찾아 연결하세요.

(1) ☐회전 좌지☐지 ·

(2) 입☐ 청☐ ·

(3) ☐계 ☐면 ·

(4) ☐해 ☐양 ·

· 동冬

· 우右

· 서西

· 춘春

2 가로세로 열쇠의 뜻풀이를 읽고 퍼즐을 완성하세요.

가로 열쇠

① 남쪽과 북쪽
② 왼쪽과 오른쪽
③ 왼쪽 주변
④ 가을에 익은 곡식을 거두어들임

세로 열쇠

⑤ 북쪽으로 올라감
⑥ 오른쪽 왼쪽으로 이리저리 왔다 갔다 함
⑦ 봄과 가을 / 어른의 나이를 높여 부르는 말

①	⑤ 북北			
		②	⑥ 우右	
			③ 좌左	
	⑦			
	④ 추秋			

남대문의 원래 이름은?

서울의 옛 이름은 한양이에요. 태조 이성계가 조선을 건국하면서 한양을 수도로 정했지요. 그리고 수도를 지키는 문을 동서남북에 각각 세웠는데 이를 '사대문'이라고 해요. 동대문, 서대문, 남대문, 북대문이에요. 그런데 이 이름들은 방향에 따라 편하게 부르는 이름일 뿐 원래 이름은 아니에요. 원래 이름은 유교에서 중요하게 생각하는 4가지 덕목인 인(仁), 의(義), 예(禮), 지(智)를 따서 지었어요.

북대문은 **지(智)**를 넣어 '홍지문'이라고 했어요. 지(智)는 '지혜'라는 뜻이고 홍(弘)은 '넓다'는 뜻으로 홍지문은 '지혜'를 넓히는 문이라는 뜻이지요. 그런데 지금은 이름을 바꾸어 '숙정문(肅靖門)'이라고 불러요. 엄숙하게 다스린다는 의미예요.

서대문은 **의(義)**를 넣어 '돈의문'이라고 해요. 의(義)는 '옳다'는 뜻이고 돈(敦)은 '도탑게 하다'라는 뜻으로 돈의문은 '옳음'을 더욱 도탑게 하는 문이라는 뜻이지요. 안타깝게도 일제 강점기에 철도 건설을 위해 철거되어 지금은 터만 남아 있어요.

동대문은 **인(仁)**을 넣어 '흥인지문'이라고 해요. 인(仁)은 '어질다'는 뜻이고 흥(興)은 '일으키다'라는 뜻으로 흥인지문은 '어짊'을 일으키는 문이라는 뜻이지요.

남대문은 **예(禮)**를 넣어 '숭례문'이라고 해요. 례(禮)는 '예의'라는 뜻이고 숭(崇)은 '높이다'는 뜻으로 숭례문은 '예의'를 높이는 문이라는 뜻이지요.

- 례(禮)는 혼자 쓰이거나 제일 앞에 올 때 '예'로 발음해요.

2단원 우리 세상

세상은 혼자 사는 곳이 아니에요.
다른 사람들과 함께하기에 더욱 풍성한 세상이에요.

스스로 학습 계획을 세우고, 실천 후 😊에 표시하세요.

6일차

世 인간 **세**
界 지경 **계**

월 일 😊

7일차

民 백성 **민**
主 주인 **주**

월 일 😊

8일차

國 나라 **국**
家 집 **가**

 월 일 😄

9일차

市 시장 **시**
村 마을 **촌**

월 일 😄

10일차

洞 골 **동**
里 마을 **리**

 월  일 😄

世

뜻 소리

인간 **세**

열 십(十) 세 개를 겹친 것처럼 여러 사람이
손을 잡고 살아가는 세상을 나타내요.

界

뜻 소리

지경* **계**

밭과 밭 사이의 경계를 나타내요.

* 지경이란 땅의 가장자리, 경계를 뜻해요.

📢 한자를 쓰면서 익혀요.

一 十 卅 卋 世

丨 冂 罒 罒 田 界 界 界 界

■ '세'와 '계'에 ○하고, 한자를 따라 쓰세요.

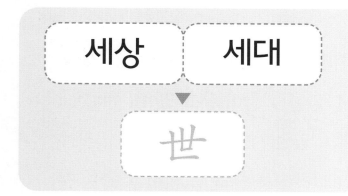

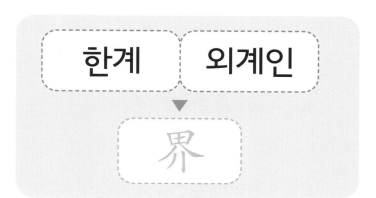

■ 단어를 읽고 쓰세요. 世와 界의 뜻을 찾아 ○하세요.

世界	세 계	

인간이 사는 땅의 **경계**에 있는 모든 나라

世상
上 위 상

인간이 사는 지구 위 전체

世대
代 시대 대

인간이 살아가는 한 시대
🔍 어린아이가 자라 사회생활을 시작하는 30년 정도 되는 기간을 가리켜요.

한界
限 한계 한

땅이나 능력의 정해진 **경계**

외界인
外 바깥 외   人 사람 인

인간이 사는 **경계**의 바깥에 사는 생명체

📢 다음 글을 읽고 물음에 답하세요.

> **세계** 지도를 펼쳐 놓고 나라와 나라의 경계인 국경선을 표시해 보았어요. **세계** 에는 나와 다른 생김새, 문화, 언어를 가진 다양한 사람이 살고 있어요. 예전에 는 거리가 멀어 외국인을 만나는 것에 **한계**가 있었어요. 하지만 지금은 통신과 교통 기술의 발달로 외국 여행이 쉬워졌고 우리나라에서 외국인을 많이 볼 수도 있 어요. 앞으로 기술이 더욱 발전하면 **외계인**과도 친구가 될 수 있을까요?

(교과 연계) 4학년 사회 [4사03-01] 최근 사회 변화의 양상과 특징을 파악하고, 그로 인해 나타난 생활 모습의 변화를 탐색한다.

(1) 어떤 지도를 펼쳐 놓고 국경선을 표시했나요?   지도

(2) 통신과 교통이 발달하기 전에는 어땠나요?

거리가 멀어 외국인을 만나는 데   가 있었음

📌 **어휘가 자라는 오늘의 한자 성어**

隔	世	之	感
격	세	지	감
사이 뜰	인간	어조사	느낄

몰라보게 변하여 아주 다른 세상이 된 것처럼 느낀다는 뜻이에요.

1 문장에 들어갈 알맞은 단어에 ○하세요.

(1)
> 요즘 유행하는 이 노래는 할아버지부터 어린아이까지 모든 (세대/경계)가 좋아한다.

(2)
> 지금 우리가 지나가는 이 도로를 (세대/경계)로 경기도와 강원도가 나누어진다.

(3)
> 책을 많이 읽으면 (한계/세상)을 보는 눈이 넓어진다.

(4)
> 운동장을 5바퀴 뛰다가 체력의 (한계/세상)를 느꼈다.

2 다음 그림과 관련 있는 단어를 고르세요.

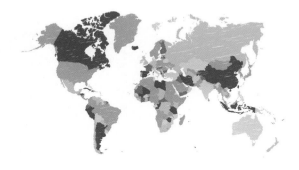

> 세계   세대

3 다음 밑줄 친 말에 해당하는 한자를 골라 ○하세요.

미국으로 이민을 갔다가 30년 만에
한국으로 돌아온 그는 **격세지감**을 느꼈다.

> 世   界

뜻 　 소리

백성 **민**

원래는 노예라는 뜻으로 노예가 될
포로의 눈을 찌르는 모습이에요.
지금은 백성, 평범한 사람을 뜻해요.

뜻 　 소리

주인 **주**

촛불의 모양을 본뜬 글자예요.
촛불이 방 안을 밝히는 중심이 되는 것처럼
중심이 되는 사람, 주인을 뜻해요.

📢 **한자를 쓰면서 익혀요.**

フ コ 尸 尸 民 民

丶 亠 キ 扌 主

■ '민'과 '주'에 ○하고, 한자를 따라 쓰세요.

■ 단어를 읽고 쓰세요. 民과 主의 뜻을 찾아 ○하세요.

| 民主 | 민주 | 나라에 사는 **사람**이 그 나라의 **주인**임 |

| 농民 | | 농사짓는 일이 직업인 **사람** |

農 농사 농

| 民요 | | 오래전부터 평범한 **사람**들 사이에서 불려 오던 노래 |

謠 노래 요

| 主권 | | **주인**으로서 가지는 권리 |

🔍 권리란 어떤 것을 요구할 수 있는 힘을 말해요.

權 권리 권

| 主제 | | ① **중심**이 되는 문제나 제목
 ② 작가가 나타내려는 **중심** 생각 |

🔍 主는 '중심', '중요'라는 뜻도 있어요.

題 제목 제

41

📩 **다음 글을 읽고 물음에 답하세요.**

> 오늘 국어 시간에는 《혹부리 영감》을 읽고 사건을 차례대로 나열하고 **주제**를 찾아 보는 수업을 했어요. 선생님께서 책을 어찌나 실감 나게 읽어 주시는지 진짜 도깨비들이 나오는 줄 알았어요. 또, 옛날 **농민**들이 불렀던 **민요**도 나와서 더 재미있었어요. 혹을 떼려다 오히려 혹을 하나 더 붙인 심술쟁이 영감을 보면서 나의 평소 모습을 돌아보았어요.

(교과 연계) 3학년 국어 [4국01-01] 중요한 내용과 주제를 파악하며 듣고 그 내용을 요약한다.

(1) 수업 시간에 《혹부리 영감》을 읽고 무엇을 찾아 보았나요?

(2) 《혹부리 영감》이 왜 더 재미있었나요?

옛날 농민들이 불렀던 　　　　　　　　　　 가 나와서

어휘가 자라는 오늘의 한자 성어

與	民	同	樂
여	민	동	락
더불	백성	함께	즐거울

백성과 즐거움을 함께한다는 뜻으로 백성을 먼저 생각하는 올바른 왕의 자세를 가리키는 말이에요.

1 문장에 들어갈 알맞은 단어에 ○하세요.

(1)
> 선거는 (민주/민요) 사회에서 매우 중요하다.

(2)
> 아리랑은 우리나라를 대표하는 (민주/민요)이다.

(3)
> 오늘 학급 회의의 (주권/주제)는 '반 대표 달리기 선수 뽑기'이다.

(4)
> 일본은 강제로 우리나라의 (주권/주제)을 빼앗았다.

2 다음 그림과 관련 있는 단어를 고르세요.

> 민요   농민

3 다음 밑줄 친 말에 해당하는 한자를 골라 ○하세요.

국회 의원 선거에 출마한 후보들은
여민동락의 태도를 가져야 한다.

> 主   民

뜻 소리

나라 국

성 안에서 무기를 들고 나라를
지키는 모습을 표현했어요.

뜻 소리

집 가

집에 돼지(豕)가 있어요. 돼지는 제사 지낼 때
중요한 동물이라 집 가까이에서 키웠다고 해요.

📢 한자를 쓰면서 익혀요.

丨冂冂冃冃冋冋國國國國

丶丷宀宀宀宇家家家家

'국'과 '가'에 ○하고, 한자를 따라 쓰세요.

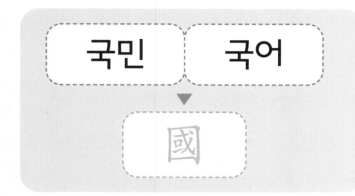

국민   국어

▼

國

가족   가사

▼

家

단어를 읽고 쓰세요. 國과 家의 뜻을 찾아 ○하세요.

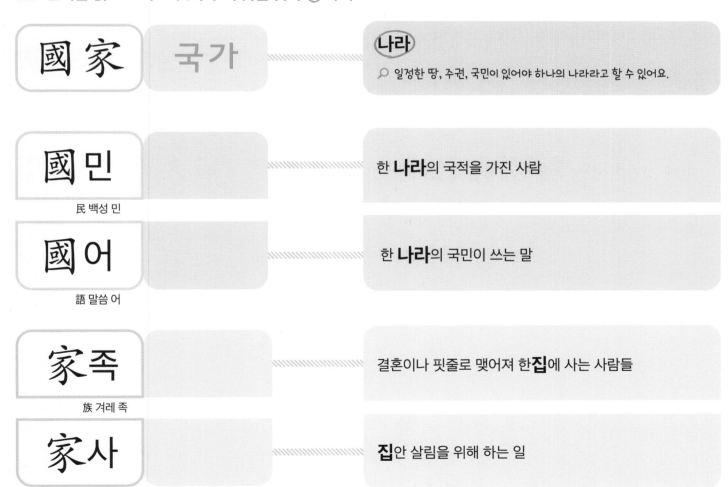

國家	국가	**나라** 일정한 땅, 주권, 국민이 있어야 하나의 나라라고 할 수 있어요.
國민 民 백성 민		한 **나라**의 국적을 가진 사람
國어 語 말씀 어		한 **나라**의 국민이 쓰는 말
家족 族 겨레 족		결혼이나 핏줄로 맺어져 한**집**에 사는 사람들
家사 事 일 사		**집**안 살림을 위해 하는 일

■ 다음 글을 읽고 물음에 답하세요.

> 내일 국어 시간에 여름 방학 때 다녀온 독립 기념관에 대해 발표하려고 열심히 준비하고 있어요. 찍어 온 사진으로 영상 자료도 만들었지요.
>
> **국가**에는 일정한 땅인 영토, 거기에 사는 사람들인 **국민**, 그리고 주권이 있어야 한대요. 하지만 일제 강점기에는 주권을 일본에 빼앗겨 우리의 **국어**도 자유롭게 쓰지 못하고 억지로 일본어를 배워야 했어요. 빼앗긴 주권을 되찾기 위해 자신을 희생한 독립운동가분들께 절로 고개가 숙여졌어요.

(교과 연계) 3학년 국어 [4국06-02] 매체를 활용하여 간단한 발표 자료를 만든다.

(1) 국가에는 영토, 주권 그리고 무엇이 있어야 하나요?

(2) 일제 강점기에는 무엇을 자유롭게 쓰지 못했나요?　　　　우리의

어휘가 자라는 오늘의 한자 성어

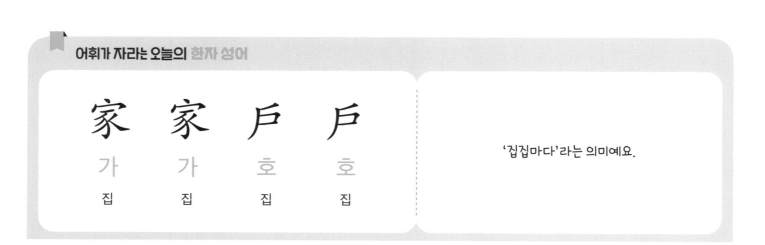

家	家	戶	戶
가	가	호	호
집	집	집	집

'집집마다'라는 의미예요.

1 문장에 들어갈 알맞은 단어를 찾아 연결하세요.

(1)
우리 _____ 은 제주도에서 여름 방학을 보냈다. •

• 가사

(2)
나는 글쓰기를 좋아해서 _____ 공부를 열심히 한다. •

• 국어

(3)
빨래, 청소처럼 _____ 노동을 줄여줄 로봇이 발명되었다. •

• 가족

2 다음 그림과 관련 있는 단어를 고르세요.

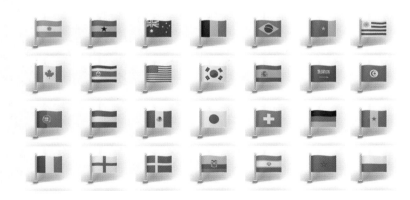

가족   국가

3 다음 밑줄 친 말에 해당하는 한자를 골라 ○하세요.

우리는 **가**가호호 돌아다니며
전기 절약에 대해 홍보를 했다.

家   國

市

뜻 소리

시장 **시**

사람이 많은 시장을 뜻해요.

村

뜻 소리

마을 **촌**

큰 나무를 중심으로 사람들이 모여 살아요.

📢 한자를 쓰면서 익혀요.

丶 亠 亠 市 市

一 十 才 木 村 村

📣 '시'와 '촌'에 ○하고, 한자를 따라 쓰세요.

📣 단어를 읽고 쓰세요. 市와 村의 뜻을 찾아 ○하세요.

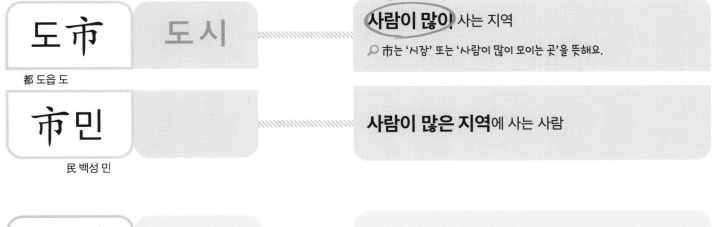

도市 都 도읍 도	도시	(사람이 많이) 사는 지역 🔍 市는 '시장' 또는 '사람이 많이 모이는 곳'을 뜻해요.
市민 民 백성 민		사람이 많은 지역에 사는 사람
村락 落 떨어질 락		시골에 여러 집이 모여 있는 마을
어村 漁 고기잡을 어		고기 잡는 일을 하는 사람들이 모여 사는 마을

다음 글을 읽고 물음에 답하세요.

> 농촌이나 **어촌**처럼 자연환경을 주로 이용하여 살아가는 지역을 **촌락**이라고 해요. **도시**는 **촌락**에 비해 많은 사람이 모여 살아 아파트나 높은 건물이 많아요. 요즘은 교통이 발달해서 **도시**와 **촌락**이 딱 나누어지지 않고 서로 교류를 많이 해요. 예를 들어 **도시**에 사는 우리 가족은 신선한 채소와 과일을 사러 주변 **촌락**의 시장에 자주 가요.

(교과 연계) 4학년 사회 [4사10-02] 사례에서 도시의 인구, 교통, 산업 등의 특징을 탐구하고, 도시에서의 삶의 모습을 이해한다.

(1) 자연환경을 주로 이용하여 살아가는 지역을 무엇이라고 하나요?

(2) 촌락에 비해 사람들이 많이 모여 사는 곳을 무엇이라고 하나요?

어휘가 자라는 오늘의 한자 성어

門	前	成	市
문	전	성	시
문	앞	이룰	시장

문 앞이 시장이 될 만큼
사람들이 많이 찾아왔다는 뜻이에요.

1 문장에 들어갈 알맞은 단어를 찾아 연결하세요.

(1)
우리 아빠의 고향은 전복을 키우는 ⬚⬚⬚이다.

어촌

(2)
우리 집 앞에는 모든 ⬚⬚⬚이 이용할 수 있는 공원이 있다.

도시

(3)
우리나라 ⬚⬚⬚에는 유독 아파트가 많다.

시민

2 다음 사진과 관련 있는 단어를 고르세요.

도시   어촌

3 다음 중 시(市)가 쓰인 단어 2개를 찾아 ○하세요.

• 내일 **시간표**를 확인한 후 필요한 교과서를 챙겼다.

• 기자가 거리에서 **시민**들과 인터뷰하고 있다.

• 맛집으로 소문난 그 식당은 항상 **문전성시**를 이룬다.

> **도움말**
> '시장, 사람이 많은 곳'과 관련된 단어를 골라 보세요.
> 다른 하나는 때 시(時)를 써요.

51

洞

뜻 　　　 소리

골* 　　 동

물(氵)이 있는 곳을 중심으로
함께(同) 모여 산다는 의미예요.

* 골이란 골짜기 또는 고을이라는 뜻이에요.

里

뜻 　　　 소리

마을 　 리

밭(田)과 흙(土)을 더하여
사람이 모여 사는 마을을 뜻해요.

🖐 **한자를 쓰면서 익혀요.**

` ` ` 氵 氵 洞 洞 洞 洞 洞

丨 冂 冂 日 日 甲 甲 里

■ '동'과 '리(이)'에 ○하고, 한자를 따라 쓰세요.

■ 단어를 읽고 쓰세요. 洞과 里의 뜻을 찾아 ○하세요.

| 洞里 | 동리 | 우리나라 행정구역인 **동**과 **리**를 아울러 이르는 말 |

| 洞굴 | | **골짜기**에 생겨난 깊고 넓은 굴 |

窟 굴 굴

| 洞구 | | **고을** 입구 |

口 입구

| 里장 | | **마을**을 대표하는 사람 |

長 길장

🔍 里가 단어의 첫머리에 오면 '이'로 소리 나요.

| 만里장성 | | 중국 북쪽에 있는 만 **리**나 되는 긴 성 |

萬 일만 만   長 길장   城 성성

🔍 里는 거리를 나타내는 단위로도 사용돼요. 1리는 약 0.4km예요.

📙 다음 글을 읽고 물음에 답하세요.

동네 **이장**이신 할아버지께서 지난 중국 여행 사진을 보여 주며 말씀하셨어요.

"여기가 **만리장성**이야. 옛날에 이 긴 성을 어찌 쌓았을까."

만리장성이 무엇인지 궁금해서 국어사전을 찾아보니 만 리나 될 만큼 긴 성을 뜻했어요. 저번에는 할머니께서 "**동구** 밖 과수원 길 아카시아~♫"라는 노래를 부르고 계셨는데, '**동구**'가 무슨 뜻인지 궁금해서 국어사전을 찾아보고 마을 입구라는 걸 알았지요. 국어사전은 보물 창고 같아요.

교과 연계 4학년 국어 [4국04-02] 단어를 분류하고 국어사전을 활용하여 능동적인 국어 활동을 한다.

(1) 할아버지의 말씀을 듣고 어떤 단어를 국어사전에서 찾았나요?

(2) 할머니께서 부른 노래 가사의 빈칸을 채워 보세요.

　　　　　　　　　　　　밖 과수원 길 아카시아꽃이 활짝 폈네♬

어휘가 자라는 오늘의 한자 성어

千 里 眼
천　　　리　　　안
일천　　　마을　　　눈

천리 밖을 볼 수 있는 눈이 있다는 뜻으로
사물을 꿰뚫어 볼 수 있는
뛰어난 안목을 지녔다는 말이에요.

1 문장에 들어갈 알맞은 단어를 연결하세요.

(1)

할머니께서 　　　　　 밖까지 나와 우리를 배웅해 주셨다.

(2)

컴컴한 　　　　　 속에는 박쥐들이 산다.

동굴

동구

2 다음 설명과 사진에 해당하는 단어를 찾아 ○하세요.

중국 베이징 북쪽에 있는 성곽이에요. 적의 침입을 막기 위해 만 리나 되는 긴 성벽을 쌓았어요.

동	리	만
구	굴	리
멍	이	장
굴	정	성

3 다음 중 동(洞)이 쓰인 단어 2개를 찾아 ○하세요.

• **동굴** 안이 어둡고 미끄러우니 조심하세요.

• 오늘 부모님과 함께 **인사동**에 가서 붓을 샀다.

• 야구 대표팀은 하와이로 **동계** 훈련을 떠났다.

> **도움말**
> '골, 고을'과 관련된 단어를 골라 보세요.
> 다른 하나는 겨울 동(冬)을 써요.

1 빈칸에 공통으로 들어가는 글자를 찾아 연결하세요.

(1) 도☐ ☐민 •

(2) ☐계 ☐상 •

(3) ☐가 ☐어 •

• 세世

• 국國

• 시市

2 알맞은 단어를 <보기>에서 찾아 문장을 완성하세요.

보기 ▶ 동굴 주제 농민 한계

(1) 기술적인 ☐☐☐ 로 우주선 개발이 중단되었다.

(2) 오늘 읽은 책의 ☐☐☐ 는 올바른 전자기기 사용법이었다.

(3) 밥을 먹을 때마다 ☐☐☐ 분들께 감사한 마음을 가진다.

3 다음 한자의 뜻과 소리를 쓰세요.

(1) 우리는 유채 꽃밭에서 家족사진을 찍었다.

뜻: 소리:

(2) 만里장성의 웅장함에 매우 놀랐다.

뜻: 소리:

(3) 드넓은 우주에 외界인이 정말 있을지 궁금하다.

뜻: 소리:

우리나라 팔도 명칭의 유래는?

흔히 우리나라를 팔도강산이라고 불러요. '팔도'는 8개의 도라는 뜻으로 1413년 조선 시대 때 정한 행정 구역을 가리켜요. 경기도, 강원도, 충청도, 전라도, 경상도, 평안도, 황해도, 함경도로 나뉘지요.

팔도의 이름은 각 도에 있는 대표적인 도시 이름의 첫 글자를 따서 만들었어요. 강원도는 강릉과 원주, 충청도는 충주와 청주, 전라도는 전주와 나주, 경상도는 경주와 상주, 평안도는 평양과 안주, 황해도는 황주와 해주, 함경도는 함흥과 경성을 합쳐 부르는 말이에요. 경기도는 서울을 뜻하는 경(京)과 그 주변이라는 뜻의 기(畿)를 합쳐서 부르는 말이에요.

1896년에 8도 중 경기도, 강원도, 황해도를 제외한 5개 도를 남북도로 나누어 13도제로 바뀌었어요. 남한과 북한으로 나뉜 뒤 지금 우리나라의 행정 구역은 특별시 1곳(서울), 특별자치시 1곳(세종), 광역시 6곳(인천, 대전, 대구, 울산, 부산, 광주), 도 6곳(경기, 충북, 충남, 전남, 경북, 경남), 특별자치도 3곳(제주, 강원, 전북)으로 이루어져 있어요. 언젠가 통일이 되어 다시 팔도 유람을 하는 날이 올까요?

우리 자연

주변을 둘러보세요. 무엇이 보이나요? 하늘과 땅, 산과 바다...
우리 삶의 터전인 자연을 더욱 소중하게 아껴요.

11일차

스스로
학습 계획을 세우고,
실천 후 😀에
표시하세요.

天 하늘 **천**
地 땅 **지**

⬤ 월 ⬤ 일 😀

12일차

花 꽃 **화**
草 풀 **초**

⬤ 월 ⬤ 일 😀

13일차

山 산 산
海 바다 해

● 월 ● 일 😊

14일차

風 바람 풍
雨 비 우

● 월 ● 일 😄

15일차

青 푸를 청
林 수풀 림

● 월 ● 일 😄

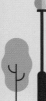

天

뜻　소리

하늘　천

사람 머리 위에 하늘이 있어요.

地

뜻　소리

땅　지

지렁이가 있는 땅이에요.

📖 **한자를 쓰면서 익혀요.**

一 二 チ 天

一 十 土 扩 地 地

📢 '천'과 '지'에 ○하고, 한자를 따라 쓰세요.

📢 단어를 읽고 쓰세요. 天과 地의 뜻을 찾아 ○하세요.

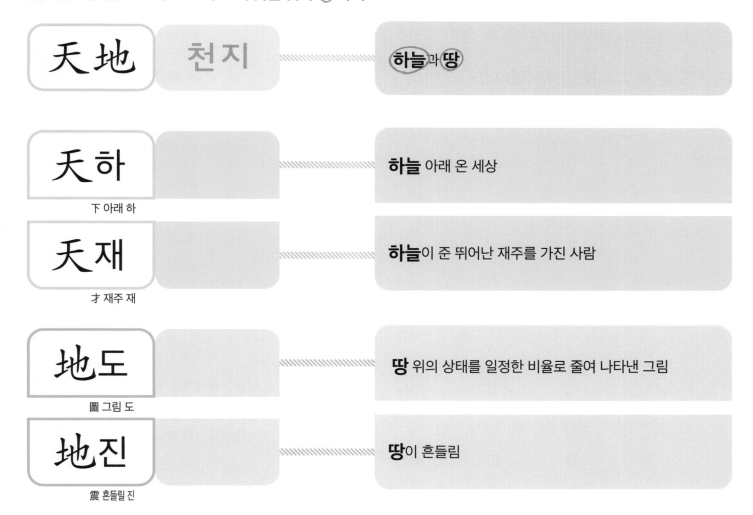

| 天地 | 천지 | 하늘과 땅 |

| 天하
下 아래 하 | | 하늘 아래 온 세상 |

| 天재
才 재주 재 | | 하늘이 준 뛰어난 재주를 가진 사람 |

| 地도
圖 그림 도 | | 땅 위의 상태를 일정한 비율로 줄여 나타낸 그림 |

| 地진
震 흔들릴 진 | | 땅이 흔들림 |

📢 다음 글을 읽고 물음에 답하세요.

지진이 자주 발생하는 나라를 **지도**에 표시했어요. **지진**으로부터 안전한 나라는 없지만 특히 자주 발생하는 지역을 연결하면 띠 모양이 돼요. 이를 '**지진**대'라고 하지요. 나는 친구에게 태평양 주변으로 일본, 필리핀을 지나 뉴질랜드까지 하나의 고리 모양을 이루는 '환태평양 **지진**대'에 대해 설명해 주었어요. 친구는 깜짝 놀라면서 "너 정말 **천재**구나!"라고 말했어요.

(교과 연계) 4학년 과학 [4과11-04] 화산 활동과 지진이 우리 생활에 미치는 영향을 조사하여, 대처 방법을 실천할 수 있다.

(1) 지도를 보고 무엇을 표시했나요?　　　　　　　　　　　　　　이 자주 발생하는 나라

(2) 친구는 깜짝 놀라면서 나에게 뭐라고 말했나요?　　　너 정말　　　　　　　　구나!

어휘가 자라는 오늘의 한자 성어

天	方	地	軸
천	방	지	축
하늘	모	땅	굴대

하늘의 방향과 땅의 축을 모른다는 뜻으로 너무 급하여 허둥지둥 함부로 날뛰는 모습을 비유한 말이에요.

1 문장에 들어갈 알맞은 단어에 ○하세요.

(1)
> 눈이 오자 온 (천지/천재)가 하얗다.

(2)
> 아인슈타인은 정말 (천하/천재) 과학자야!

(3)
> 임금은 뛰어난 인품으로 (지도/천하)를 다스려야 한다.

(4)
> 맛있기로 소문난 그 식당은 (지도/지진)에도 없는 곳이라 한참을 헤맸다.

2 다음 그림과 관련 있는 단어를 고르세요.

지진   천지

3 밑줄 친 말에 해당하는 한자를 골라 ○하세요.

천방지축인 동생 때문에
부모님께서 항상 걱정이 많으시다.

天   地

뜻　소리
꽃　화

땅속에 뿌리를 내리고 활짝 핀 꽃이에요.

뜻　소리
풀　초

싹이 돋아나는 풀의 모습이에요.

한자를 쓰면서 익혀요.

一 十 什 花 花 花

一 十 什 芒 芒 芒 芒 芦 草 草

■ '화'와 '초'에 ○하고, 한자를 따라 쓰세요.

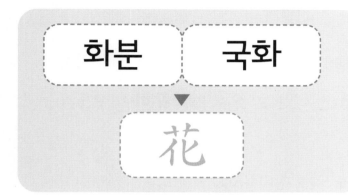

■ 단어를 읽고 쓰세요. 花와 草의 뜻을 찾아 ○하세요.

| 花草 | 화초 | (꽃)이 피는 (풀) → 식물 |

花분
盆 동이 분

꽃을 심어 가꾸는 그릇

국花
國 나라 국

한 나라를 상징하는 **꽃**

草식
食 먹을 식

주로 **풀**을 먹음

🔍 주로 풀을 먹고 사는 동물을 '초식 동물'이라고 해요.

草원
園 동산 원

풀이 나 있는 들판

65

📜 다음 글을 읽고 물음에 답하세요.

> 오늘은 가족과 함께 통일을 기원하는 행사에 다녀왔어요. 너른 **초원**에서 봄꽃을 구경하고 동생과 바람개비를 돌리며 뛰놀았어요. 그리고 우리나라 **국화**인 무궁화 묘목을 **화분**에 심는 체험을 했어요.
>
> "무궁화 무궁화 우리나라 꽃, 삼천리 강산에 우리나라 꽃~🎵"
>
> 학교에서 배운 노래가 절로 나왔어요. 무궁화 **화분**은 집으로 가져왔어요. 여름이면 꽃이 핀다고 하니 그때까지 소중하게 보살펴 줄 거예요.

(교과 연계) 3학년 음악 [4음02-04] 생활 속에서 음악을 들으며 느낌과 호기심을 갖고 즐긴다.

(1) 나와 동생은 어디에서 뛰놀았나요?   너른

(2) 무궁화 묘목을 어디에 심었나요?

📖 **어휘가 자라는 오늘의 한자 성어**

花	無	十	日	紅
화	무	십	일	홍
꽃	없을	열	날	붉을

열흘 이상 붉게 피어 있는 꽃은 없다는 뜻으로 예쁜 꽃도 시간이 지나면 시들기 마련이니 항상 겸손한 태도를 가지라는 말이에요.

1 문장에 들어갈 알맞은 단어에 ○하세요.

(1)

얼룩말, 코끼리, 양과 같이 풀을 먹는 (초식/초원) 동물은 주로 무리 지어 산다.

(2)

드넓은 (초식/초원)을 보자 마음이 뻥 뚫리는 것 같다.

(3)

영국의 (국화/화분)는 장미이다.

(4)

엄마께서는 새로 사 온 식물을 (국화/화분)에 심으셨다.

2 다음 사진과 관련 있는 단어를 고르세요.

초원   화초

3 다음 밑줄 친 말에 해당하는 한자를 골라 ○하세요.

화무십일홍이라는 말처럼
그의 인기는 오래가지 못했다.

草   花

山

뜻   소리

산   산

봉우리가 3개인 산의 모습이에요.

海

뜻   소리

바다   해

뜻을 나타내는 물 수(水)와
소리를 나타내는 매양 매(每)가
합쳐진 글자로 '매'가 '해'로 바뀌었어요.

한자를 쓰면서 익혀요.

丨 山 山

丶 丶 氵 汇 汇 海 海 海 海

■ '산'과 '해'에 ○하고, 한자를 따라 쓰세요.

광산 · 산수화 → 山

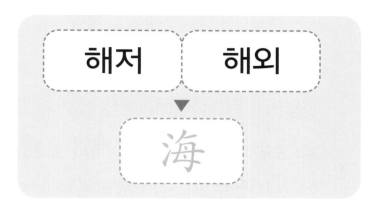

해저 · 해외 → 海

■ 단어를 읽고 쓰세요. 山과 海의 뜻을 찾아 ○하세요.

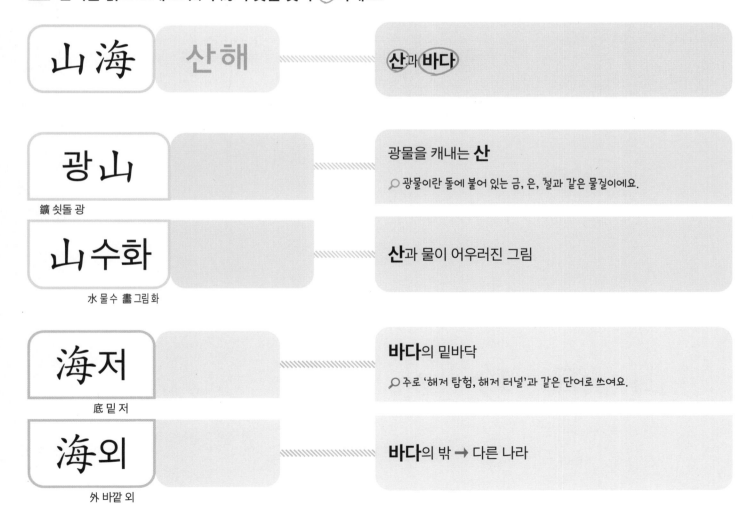

| 山海 | 산해 | (산)과 (바다) |

| 광山 | | 광물을 캐내는 **산** |
| 鑛 쇳돌 광 | | 🔍 광물이란 돌에 붙어 있는 금, 은, 철과 같은 물질이에요. |

| 山수화 | | **산**과 물이 어우러진 그림 |
| 水 물 수 畫 그림 화 | | |

| 海저 | | **바다**의 밑바닥 |
| 底 밑 저 | | 🔍 주로 '해저 탐험, 해저 터널'과 같은 단어로 쓰여요. |

| 海외 | | **바다**의 밖 ➡ 다른 나라 |
| 外 바깥 외 | | |

📢 다음 글을 읽고 물음에 답하세요.

> 오늘 가족이 모두 모여 제주도 여행 계획을 세웠어요. 나는 여행을 하며 흑돼지, 고등어회 등 제주도에서 맛볼 수 있는 **산해**진미를 꼭 먹어야 한다고 의견을 냈어요. 동생은 잠수함을 타고 **해저** 탐험을 꼭 해야 한다고 했지요. 엄마는 박물관에 가서 **산수화**를 감상하고 싶다고 하셨어요. 박물관에 누구의 그림을 전시 중인지 여쭤보니 그림과 글씨로 유명한 추사 김정희의 작품이라고 알려 주셨어요. 이번 제주도 여행이 정말 기대돼요!

(교과 연계) 4학년 미술 [4미03-01] 미술 작품을 자세히 보고 작품과 미술가에 관해 질문할 수 있다..

(1) 나는 제주도 여행 중 어떤 것을 해야 한다고 의견을 냈나요?

제주도의   진미 먹기

(2) 엄마는 어떤 것을 하고 싶다고 하셨나요?

            감상

📕 **어휘가 자라는 오늘의 한자 성어**

山	海	珍	味
산	해	진	미
산	바다	보배	맛

산과 바다에서 나는 온갖 진귀한 것으로 차린 맛이 좋은 음식을 뜻해요.

1 문장에 들어갈 알맞은 단어에 ○하세요.

(1) 이 동굴은 한때 석탄을 캐던 (광산/산해)이었지만 지금은 문을 닫았다.

(2) 할아버지 댁 거실에는 (광산/산수화) 한 폭이 걸려 있다.

(3) (해외/해저)에 가려면 여권이 꼭 있어야 한다.

(4) 육지와 섬을 연결하는 (해외/해저) 터널이 새로 생겼다.

2 다음 그림과 관련 있는 단어를 고르세요.

산수화   해외

3 다음 밑줄 친 말에 해당하는 한자를 골라 ○하세요.

할아버지 생신을 맞아 **산<u>해</u>진미**를 준비해 마을 잔치를 벌였다.

山   海

71

風

뜻 소리

바람 풍

벌레 위로 바람이 불어요.

雨

뜻 소리

비 우

구름 아래로 빗방울이 떨어지고 있어요.

📢 **한자를 쓰면서 익혀요.**

丿 几 凡 凡 風 風 風 風 風

一 厂 冂 币 雨 雨 雨 雨

📢 '풍'과 '우'에 ○하고, 한자를 따라 쓰세요.

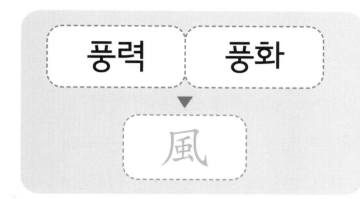

📢 단어를 읽고 쓰세요. 風과 雨의 뜻을 찾아 ○하세요.

風雨　풍우 ⋯⋯⋯⋯⋯⋯ (바람)과 **비**

風력 ⋯⋯⋯⋯⋯⋯
力 힘 력

① **바람**의 세기
② **바람**으로 움직이는 힘

風화 ⋯⋯⋯⋯⋯⋯
化 될 화

바람에 의해 변화함
🔍 땅을 이루는 돌이 햇빛, 바람, 공기, 물 등에 의해 부서지거나 변화되는 일을 말해요.

측雨기 ⋯⋯⋯⋯⋯⋯
測 헤아릴 측　器 그릇 기

비가 오는 양을 재는 기구
🔍 조선 세종 때 세계 최초로 발명했어요.

기雨제 ⋯⋯⋯⋯⋯⋯
祈 빌 기　祭 제사 제

가뭄 때 **비**가 오기를 비는 제사

73

📢 **다음 글을 읽고 물음에 답하세요.**

> 우리 선생님은 여행하며 직접 찍은 사진을 수업 시간에 자주 활용하세요. **풍력**을 설명하실 때는 대관령에서 찍은 **풍력** 발전기를 보여 주셨어요. 바람의 힘으로 전기를 만든다는 게 신기했어요. **풍화** 작용을 설명하실 때는 전라북도 부안군 채석강에서 찍은 사진을 보여 주셨어요. 바람, 공기, 파도에 의해 만들어진 암석들이 예술 작품 같았어요. 국립 기상 박물관에서 찍은 **측우기** 사진도 보여 주셨어요. 선생님의 사진 덕분에 수업이 더욱 생생하고 재밌었어요.

(교과 연계) 4학년 과학 [4과06-02] 바닷물의 특징을 육지의 물과 비교하고, 바닷가에서 볼 수 있는 다양한 지형을 조사할 수 있다.

(1) 바람의 힘으로 전기를 만드는 것은 무엇인가요?　　　　　　발전기

(2) 선생님은 국립 기상 박물관에서 어떤 사진을 찍었나요?

📑 **어휘가 자라는 오늘의 한자 성어**

風	前	燈	火
풍	전	등	화
바람	앞	등잔	불

바람 앞의 등불이라는 뜻으로
매우 위태로운 상황에 놓여있다는 말이에요.

1 문장에 들어갈 알맞은 단어를 찾아 연결하세요.

(1) 해안가 절벽은 오랜 시간 동안 [   ] 작용으로 만들어졌다.

기우제

(2) 가뭄이 계속되자 임금은 [   ]를 준비하라고 명령했다.

풍화

(3) [   ]는 비의 양을 재는 기구로 조선 과학 기술을 대표하는 발명품이다.

측우기

2 다음 뜻에 해당하는 한자를 찾아 연결하세요.

(1) 바람

雨

(2) 비

風

3 다음 중 우(雨)가 쓰인 단어 2개를 찾아 ○하세요.

• 갑자기 **폭우**가 쏟아져 사람들이 모두 건물 안으로 피했다.

• **기우제**를 지냈지만 끝내 비는 오지 않았다.

• **우유**에는 영양분이 많아 키가 크는 데 도움이 된다.

도움말
'비'와 관련된 단어를 골라 보세요.
다른 하나는 소 우(牛)를 써요.

75

뜻　소리

푸르다　**청**

우물 속에서 푸른 새싹이 돋아나요.

뜻　소리

수풀　**림**

나무와 나무가 만나 숲을 이루어요.

📢 한자를 쓰면서 익혀요.

一 十 十 丰 丰 靑 靑 靑

一 十 才 木 杧 村 材 林

■ '청'과 '림(임)'에 ○하고, 한자를 따라 쓰세요.

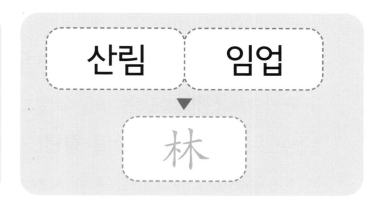

■ 단어를 읽고 쓰세요. 靑과 林의 뜻을 찾아 ○하세요.

| 靑林 | 청림 | ⫸⫸⫸ | 푸르게 구성한 숲 |

靑동
銅 구리 동

⫸⫸⫸ 구리와 주석이 합쳐진 **푸른색**을 띠는 금속

靑년
年 해 년

⫸⫸⫸ **젊은** 나이의 남자

🔍 靑은 '젊다'라는 뜻도 있어요.

산林
山 산 산

⫸⫸⫸ 산과 **숲** 또는 산에 있는 숲

林업
業 일 업

⫸⫸⫸ 산이나 **숲**을 통해 이득을 얻는 사업

🔍 林은 단어의 처음에 오면 '임'으로 소리 나요.

💬 다음 글을 읽고 물음에 답하세요.

> 제가 살고 있는 강원도는 나무가 많아 **임업**이 발달했어요. 우리나라 산과 숲을 관리하는 **산림**청에서는 매달 '이달의 **임업**인'을 뽑는데 이번 달에 우리 삼촌이 뽑혔어요. 앞으로 **임업**을 이끌 **청년**으로 신문에 소개도 되었지요. 삼촌은 농약과 화학 비료를 사용하지 않고 친환경 재배 방식으로 여러 종류의 나무를 키워요. 나는 우리 삼촌이 참 자랑스러워요!

(교과 연계) 4학년 사회 [4사09-02] 지역의 자연환경, 역사, 문화, 생산물 등을 알리려는 지역사회의 노력을 알고 관심을 갖는다.

(1) 내가 살고 있는 강원도는 나무가 많아 어떤 산업이 발달했나요?

(2) 삼촌은 어떤 내용으로 신문에 소개되었나요?   임업을 이끌

▌ **어휘가 자라는 오늘의** 한자 성어

靑	山	流	水
청	산	유	수
푸를	산	흐를	물

푸른 산에 흐르는 맑은 물처럼 막힘없이 말을 잘한다는 의미예요.

1 문장에 들어갈 알맞은 단어를 찾아 연결하세요.

(1)
숲에 큰불이 나서 　　　　이 많이 훼손되었다. ●

● **청동**

(2)
일자리를 찾는 　　　　을 위해 설명회가 개최되었다. ●

● **청년**

(3)
공사 현장에서 　　　　시대의 유물이 나왔다. ●

● **산림**

2 다음 뜻에 해당하는 한자를 찾아 연결하세요.

(1)
푸르다 ●

● **青**

(2)
수풀, 숲 ●

● **林**

3 다음 중 청(青)이 쓰인 단어 2개를 찾아 ○하세요.

• 한 **청년**이 나타나 어려움을 겪는 할머니를 도와주었다.

• **시청** 앞에 많은 사람이 몰려 있었다.

• 미리 예습을 한 수진이는 선생님의 질문에 **청산유수**로 대답했다.

도움말
'푸르다'와 관련된 단어를 골라 보세요.
다른 하나는 관청 청(廳)을 써요.

1 빈칸에 공통으로 들어가는 글자를 찾아 연결하세요.

(1) 광◻ ◻수화 •

(2) ◻저 ◻외 •

(3) ◻년 ◻동 •

(4) ◻진 ◻도 •

• 지地

• 산山

• 해海

• 청青

2 가로세로 열쇠의 뜻풀이를 읽고 퍼즐을 완성하세요.

【가로 열쇠】
① 꽃이 피는 식물
② 바람의 세기 / 바람으로 움직이는 힘
③ 가뭄 때 비가 오기를 비는 제사

【세로 열쇠】
④ 주로 풀을 먹음
⑤ 바람에 의해 변화함
⑥ 비가 오는 양을 재는 기구

①	④조草			
			②⑤풍風	
	⑥			
③	우雨			

똑같은 글자가 모여 새로운 글자가 되었어요!

한자는 글자를 합쳐 새로운 뜻을 만들기도 해요. 수풀 림(林)은 나무(木)와 나무(木)를 합쳐서 '숲'이라는 뜻이 되었어요. 그렇다면 나무(木)가 3개가 모이면 무슨 뜻이 될까요? 바로 빽빽할 삼(森)이 돼요. 나무가 많으면 빽빽하겠지요? 이런 글자들을 겹쳤다는 의미에서 '첩자(疊字)'라고 해요. 같은 글자가 모여 있으니 쌍둥이 글자 같지 않나요?

나무 목

수풀 림

빽빽할 삼

같은 글자가 모여 새로운 뜻을 이루는 한자를 더 알아볼까요?

| 火 불 화 | 炎 불꽃 염 | 虫 벌레 충 | 蟲 벌레 충 |

| 口 입 구 | 品 물건 품 | 耳 귀 이 | 聶 소곤거릴 섭 |

불꽃 염은 작은 불들이 모여 있는 모습이니 정말 딱 맞아.

귀가 여러 개 있으니 정말 서로 귀에 대고 소곤거리고 있는 것 같아!

'山山' 내가 만든 글자 어때? 산이 모여 있는 산맥산! 재미있다. 친구들도 한번 만들어 봐!

4단원

우리의 생각

사람들은 저마다의 생각을 가지고 있어요.
여러분도 자기만의 바른 생각을 키워 나가세요.

스스로
학습 계획을 세우고,
실천 후 😄에
표시하세요.

16일차

有 있을 **유**
無 없을 **무**

⬤월 ⬤일 😄

17일차

不 아니 **불**
正 바를 **정**

⬤월 ⬤일 😄

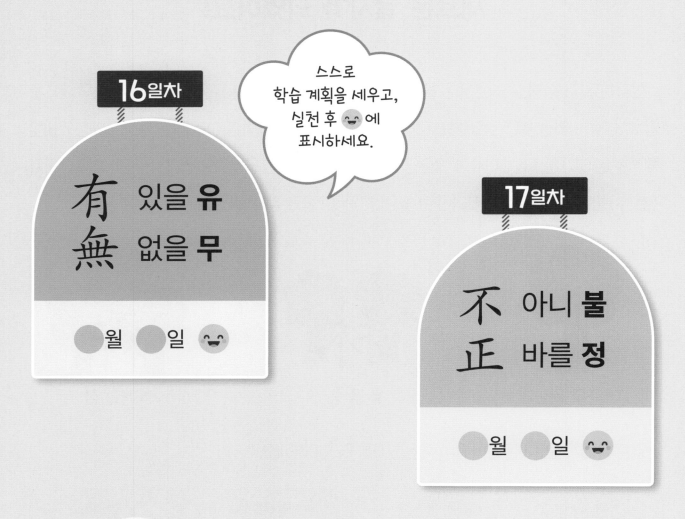

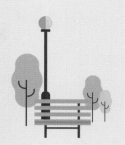

19일차

分 나눌 **분**
明 밝을 **명**

 월 일 😊

18일차

多 많을 **다**
少 적을 **소**

 월 일 😊

20일차

安 편안 **안**
樂 즐거울 **락**

● 월 ● 일 😊

뜻　소리

있다　유

고기를 손으로 잡고 있는 모습이에요.

뜻　소리

없다　무

정신없이 춤을 추는 모습이에요.

🔖 한자를 쓰면서 익혀요.

■ '유'와 '무'에 ○하고, 한자를 따라 쓰세요.

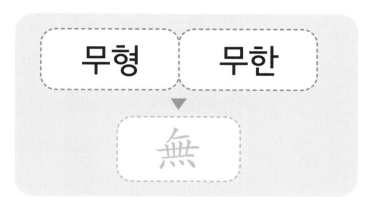

■ 단어를 읽고 쓰세요. 有와 無의 뜻을 찾아 ○하세요.

有無 유무 ⸻ (있음)과 (없음)

有명
名 이름 명
⸻ 이름이 널리 알려져 **있음**
🔍 이름이 널리 알려져 있지 않은 것은 '무명(無名)'이라고 해요.

고有어
固 굳을 고   語 말씀 어
⸻ 본래부터 가지고 **있던** 말
🔍 하늘, 나무처럼 영어나 한자어가 아닌 순우리말을 고유어라고 해요.

無형
形 모양 형
⸻ 형체가 **없음**
🔍 형체가 있는 것은 '유형(有形)'이라고 해요.

無한
限 한계 한
⸻ 한계가 **없음**
🔍 한계가 있는 것은 '유한(有限)'이라고 해요.

📢 다음 글을 읽고 물음에 답하세요.

> 선생님: 지난 시간에 우리말은 **고유어**, 한자어, 외래어로 이루어져 있다는 것을 배웠어요. 오늘은 반의어에 대해 배울 거예요. '있다'의 반대말은 '없다'예요. 이렇게 뜻이 반대되는 것을 '반의어'라고 해요. 그럼, "**유명** 가수의 무명 시절 이야기를 들었다."라는 문장에서 반의어인 두 단어는 무엇일까요?
>
> 주형: '**유명**'과 '무명'이요! **유명**은 이름이 널리 알려져 있다는 뜻이고 무명은 이름이 없거나 널리 알려지지 않았다는 뜻이에요.

(교과 연계) 4학년 국어 [4국04-01] 단어와 단어 간의 의미 관계를 파악한다.

(1) 우리말은 무엇으로 이루어져 있나요?   , 한자어, 외래어

(2) 무명의 반의어는 무엇인가요?

어휘가 자라는 오늘의 한자 성어

有	備	無	患
유	비	무	환
있을	갖출	없을	근심

미리 준비가 되어있으면
근심할 것이 없다는 말이에요.

1 문장에 들어갈 알맞은 단어에 ○하세요.

(1)
> 우리 고장은 사과로 (유명/유무)하다.

(2)
> 판사는 확실한 증거를 가지고 죄의 (유명/유무)를 따진다.

(3)
> 탈춤은 (무형/무한)유산 중 하나이다.

(4)
> 부모님은 나에게 (무형/무한)한 애정을 주신다.

2 다음에서 설명하는 단어를 쓰세요.

- 어떤 나라의 언어에 본래부터 있던 말을 가리켜요.
- 아빠, 엄마, 땅, 하늘처럼 한자어나 외래어가 아닌 말이에요.

도움말   ㄱ ○ ○

3 다음 밑줄 친 말에 해당하는 한자를 골라 ○하세요.

담임 선생님께서는 비상 상황을 대비해
유비무환의 자세로 교실에 구급함을 비치해 두셨다.

有   無

뜻 소리

아니다 불

씨앗이 아직 땅 위로
싹을 틔우지 못한 모습이에요.

뜻 소리

바르다 정

바른 자세로 앉아 있어요.

🗨 **한자를 쓰면서 익혀요.**

一 丁 才 不

一 丁 下 正 正

■ '불'과 '정'에 ○하고, 한자를 따라 쓰세요.

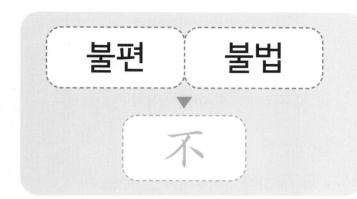

■ 단어를 읽고 쓰세요. 不과 正의 뜻을 찾아 ○하세요.

不正 부정 ┈┈┈┈┈┈┈┈ (올바르지) (않음)

　　　　　　　　🔍 불(不)은 'ㄷ, ㅈ'으로 시작하는 말 앞에서는 '부'라고 읽어요.

不편 ┈┈┈┈┈┈┈ 편하지 **않고** 괴로움

便 편할 편

不법 ┈┈┈┈┈┈┈ 법에 맞지 **않고** 어긋남

法 법 법

正직 ┈┈┈┈┈┈┈ 마음에 거짓이 없고 **바르고** 곧음

直 곧을 직

正각 ┈┈┈┈┈┈┈ 틀림없는 **바로** 그 시각

　　　　　　　　🔍 1시, 2시처럼 분 단위가 없는 정확한 시각을 말해요.

刻 새길 각

📩 다음 글을 읽고 물음에 답하세요.

> 11시 **정각**이 되자 수업이 끝났어요. 쉬는 시간에 우리는 삼삼오오 모여 이야기를 나누었어요. 얼마 전에 다리를 다쳐 서 있기 **불편**한 건우에게 제 의자를 양보했어요. 우리는 요즘 서로 퀴즈를 내며 놀고 있어요.
>
> 건우: 내가 퀴즈를 낼게. **불편**처럼 '아니 불(不)'이 들어간 단어 5가지 말하기!
>
> 정현: **불법**, 불공정, 불가능, 불완전, 불평등!
>
> 단어 퀴즈는 책을 많이 읽는 정현이가 언제나 1등이에요.

(교과 연계) 3학년 국어 [4국04-05] 언어가 의사소통과 관계 형성의 수단임을 이해하고 국어를 소중히 여기는 태도를 지닌다.

(1) 언제 수업이 끝났나요? 11시 ▯▯▯▯▯▯

(2) 나는 건우에게 왜 의자를 양보했나요? 다리를 다쳐 서 있기 ▯▯▯▯▯▯ 해서

◀ **어휘가 자라는 오늘의** 한자 성어

不	正	腐	敗
부	정	부	패
아니	바를	썩을	패할

올바르지 못하고 썩었다는 말이에요.
주로 일 처리가 정당하지 못하고 뇌물을 받는 등 타락했다는 뜻으로 쓰여요.

1 문장에 들어갈 알맞은 단어에 ○하세요.

(1)
> 신발이 작아 (부정/불편)해서 새 신발이 필요해요.

(2)
> 우리 지역 국회 의원이 (부정/불편) 선거 신고를 당해 조사 끝에 당선이 취소되었다.

(3)
> 시은이는 성실하고 (정직/불법)해서 인기가 많다.

(4)
> 이 호수에서 낚시하는 것은 (정직/불법)입니다.

2 다음에서 설명하는 단어를 쓰세요.

- 틀림없는 바로 그 시각.
- 3시, 4시처럼 분 단위가 없는 정확한 시각을 가리킴.

도움말　ㅈ ㄱ

3 다음 밑줄 친 말에 해당하는 한자를 골라 ○하세요.

정치인들의 **부정**부패를 뿌리 뽑기 위해
나라에서 엄격한 법을 만들었다.

不　　正

뜻 소리

많다 다

고기가 여러 겹으로 많이 쌓여 있어요.

뜻 소리

적다 소

작은 돌 4개가 떨어지고 있어요.

📢 **한자를 쓰면서 익혀요.**

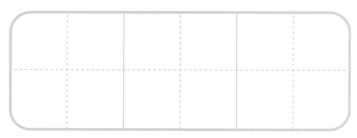

'다'와 '소'에 ○하고, 한자를 따라 쓰세요.

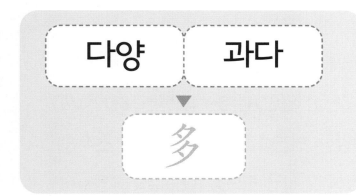

단어를 읽고 쓰세요. 多와 少의 뜻을 찾아 ○하세요.

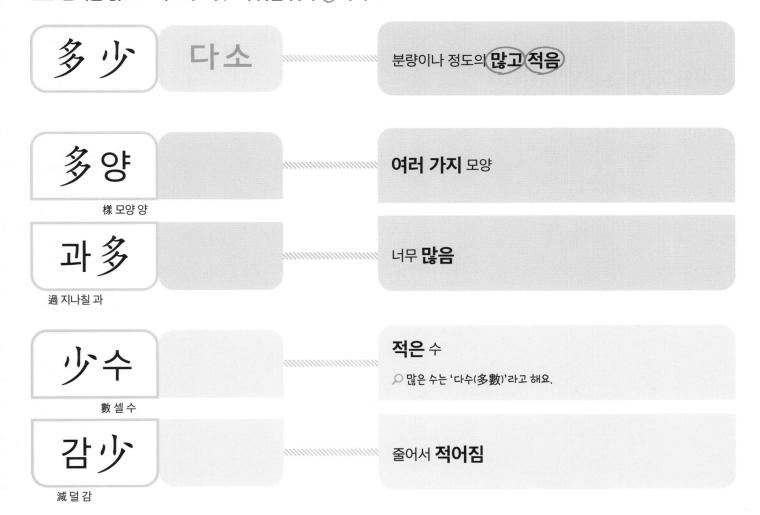

多 少	다소	분량이나 정도의 **많고 적음**
多 양 樣 모양 양		**여러 가지** 모양
과 多 過 지나칠 과		너무 **많음**
少 수 數 셀 수		**적은** 수 🔍 많은 수는 '다수(多數)'라고 해요.
감 少 減 덜 감		줄어서 **적어짐**

📁 **다음 글을 읽고 물음에 답하세요.**

> 오늘은 급식 순서 정하기를 주제로 학급 회의를 했어요. 번호순으로 줄을 서니 매번 번호가 빠른 아이들만 빨리 먹게 된다는 불만이 있었거든요. 뒤 번호부터 먹자, 중간 번호부터 먹자, 여자부터 먹자 등 **다양**한 의견이 나왔어요. 우리는 **소수**의 의견도 존중하여, 매달 규칙을 바꾸기로 하였어요. 학급 회의를 통해 규칙을 정하니 앞으로 아이들의 불만도 **감소**할 거 같아요.

(교과 연계) 4학년 도덕 [4도01-04] 다른 사람의 관점을 수용할 수 있는지를 도덕적으로 검토하고 도덕규범을 내면화하여 도덕적으로 행동할 수 있는 자세를 기른다.

(1) 어떤 의견도 존중해야 하나요?　　　　　　　　　　　　　　　　의견

(2) 학급 회의를 통해 규칙을 정하면 앞으로 어떻게 되나요?

　　　　　　　　　　　　아이들의 불만이　　　　　　　한다

어휘가 자라는 오늘의 한자 성어

多 多 益 善
다 다 익 선
많을　많을　더할　좋을

많으면 많을수록 더욱 좋다는 뜻이에요.

1 문장에 들어갈 알맞은 단어에 ○하세요.

(1)
> 봄이 되니 (다양/다소)한 꽃이 핀다.

(2)
> 전염병의 유행으로 식당 손님이 줄어 (다양/다소)의 차이는 있지만 모두 힘든 상황이다.

(3)
> (소수/과다)의 몇 사람만이 그 의견에 동의했다.

(4)
> 여름철에 에어컨을 (소수/과다)하게 사용하면 정전이 될 수 있다.

2 다음 그림과 관련 있는 단어를 쓰세요.

도움말 ㄱ ㅅ

3 다음 밑줄 친 말에 해당하는 한자를 골라 ○하세요.

다다익선이라는 말처럼
많은 경험을 해보는 것이 중요하다.

 多

 少

分

뜻 　 소리

나누다 　 **분**

여덟 팔(八)과 칼 도(刀)가 합쳐진 글자로
칼로 나눈다는 뜻이에요.

明

뜻 　 소리

밝다 　 **명**

해와 달처럼 밝게 빛난다는 의미예요.

📙 **한자를 쓰면서 익혀요.**

■ '분'과 '명'에 ○하고, 한자를 따라 쓰세요.

■ 단어를 읽고 쓰세요. 分과 明의 뜻을 찾아 ○하세요.

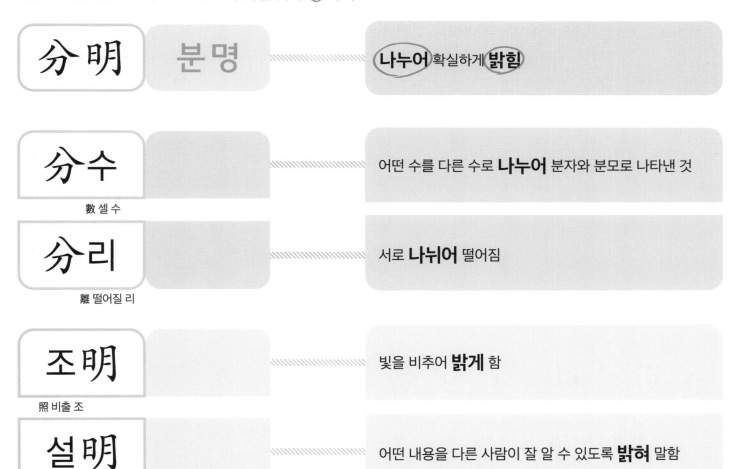

| 分明 | 분명 | 나누어 확실하게 밝힘 |

分數
數 셀 수
어떤 수를 다른 수로 **나누어** 분자와 분모로 나타낸 것

分離
離 떨어질 리
서로 **나뉘어** 떨어짐

조明
照 비출 조
빛을 비추어 **밝게** 함

설明
說 말씀 설
어떤 내용을 다른 사람이 잘 알 수 있도록 **밝혀** 말함

📧 다음 글을 읽고 물음에 답하세요.

> 수지: 요즘 수학 시간에 새롭게 **분수**를 배우는데 좀 어렵더라.
>
> 지윤: 맞아. 그런데 우리 선생님께서 이해가 쏙쏙 되게 **설명**해 주셨어. 엄마가 자식을 업고 있는 것처럼 분수의 가로줄 아래가 분모(分母), 위가 분자(分子)라고 말이야.
>
> 수지: '어머니 모(母)'와 '아들 자(子)'를 생각하니 분모, 분자가 안 헷갈리네.
>
> 지윤: **분수**는 어려운 개념임이 **분명**해. 하지만 **설명**을 열심히 듣고 문제를 풀다 보면 금방 이해가 될 거야. 우리 힘내자!

(교과 연계) 3학년 수학 [4수01-09] 양의 등분할을 통하여 분수의 필요성을 인식하고, 분수를 이해하고 읽고 쓸 수 있다.

(1) 수지는 요즘 수학 시간에 무엇을 배우고 있나요?

(2) 지윤이는 수지에게 분수가 어떠하다고 말했나요?

어려운 개념임이 　　　　　　　하다

어휘가 자라는 오늘의 한자 성어

明 明 白 白
명 명 백 백
밝을 　밝을 　흰 　흰

밝고 희다는 말로
의심할 필요 없이 매우 확실하다는 뜻이에요.

1 문장에 들어갈 알맞은 단어를 찾아 연결하세요.

(1)
> 어제 결석한 친구에게 숙제에 대해
> 　　　　　 해 주었다.

분리

(2)
> 기름과 물은 섞이지 않고 　　　　　
> 된다.

설명

(3)
> 도서관 　　　　　 이 어두워서 책을
> 읽을 수 없었다.

조명

2 다음 뜻에 해당하는 한자를 찾아 연결하세요.

(1)
> 나누다

分

(2)
> 밝다

明

3 다음 중 명(明)이 쓰인 단어 2개를 찾아 ○하세요.

• 벽에 걸린 그림은 **유명**한 화가가 그린 그림이야.

• **명명백백**한 증거가 있으니 거짓말하면 안 돼.

• 울지 말고 **분명**하게 말해 줄래?

> **도움말**
> '밝다, 밝히다'와 관련된 단어를 골라
> 보세요.
> 다른 하나는 이름 명(名)을 써요.

뜻 　 소리

편안하다 　 **안**

집에 엄마가 계시니 마음이 편안해요.

뜻 　 소리

즐겁다 　 **락**

나무 받침대 위에 악기가 있어요.
악기로 음악을 연주하니 즐거워요.

💬 한자를 쓰면서 익혀요.

100

📢 '안'과 '락(악)'에 ○하고, 한자를 따라 쓰세요.

📢 단어를 읽고 쓰세요. 安과 樂의 뜻을 찾아 ○하세요.

安樂	안락	몸과 마음이 **편안하고** **즐거움**

安心		마음을 **편안하게** 가짐

心 마음 심

미安		마음이 **편하지** 못하고 부끄러움

未 아닐 미

고樂		괴로움과 **즐거움**

苦 괴로울 고

국樂		우리나라의 전통 **음악**

🔍 樂은 '음악'이라는 뜻도 있어요. 음악이라는 뜻일 때는 '악'으로 읽어요.

國 나라 국

📢 다음 글을 읽고 물음에 답하세요.

오늘은 우리집에 중국 가족이 왔어요. 아빠가 일하면서 만난 중국인 아저씨의 가족이에요. 마침 저와 동갑인 아이가 있어서 함께 놀았어요. 제가 한국어로 '**미안**해'를 알려 주자 중국 친구가 중국어로는 '뚜이부치(对不起)'라고 알려 주었어요. 우리는 다 같이 **국악** 공연을 보러 갔어요. 중국인 친구가 끝나고 나오면서 가야금 연주가 정말 좋았대요. 혹시 재미없어하지 않을까 걱정했는데 **안심**이에요.

(교과 연계) 3학년 음악 [4음02-05] 우리 지역의 음악 문화유산을 찾아 듣고 국악을 즐기는 태도를 갖는다.

(1) 중국 친구에게 어떤 우리말 단어를 알려주었나요?   해

(2) 우리 가족과 중국 가족은 다 같이 무엇을 보러 갔나요?   공연

📑 어휘가 자라는 오늘의 한자 성어

坐	不	安	席
좌	불	안	석
앉을	아니	편안	자리

앉아도 자리가 편안하지 않다는 뜻으로 마음이 불안하거나 걱정스러워서 한군데에 가만히 앉아 있지 못하고 안절부절못하는 모양을 이르는 말이에요.

1 문장에 들어갈 알맞은 단어를 찾아 연결하세요.

(1)
3일 간의 캠프를 마치고 무사히 돌아온 동생을 보니 　　　　　이다.

안락

(2)
푹신한 　　　　　의자에 앉아 TV를 볼 때가 제일 좋아!

고락

(3)
사진 속 아저씨와 아빠는 외국에서 생사 　　　　　을 함께한 친구이다.

안심

2 다음 뜻에 해당하는 한자를 찾아 연결하세요.

(1) 즐겁다

安

(2) 편안한다

樂

3 다음 중 안(安)이 쓰인 단어 2개를 찾아 ○하세요.

- 형과 헤어져 혼자가 되니 **좌불안석**이었다.
- 눈이 나빠져 **안경**을 써야 한다.
- 나도 모르게 발을 밟아 **미안**하다고 사과했다.

도움말
'편안하다'와 관련된 단어를 골라 보세요.
다른 하나는 눈 안(眼)을 써요.

1 빈칸에 공통으로 들어가는 글자를 찾아 연결하세요.

(1) 과☐   ☐양   •

(2) ☐형   ☐한   •

(3) ☐락   ☐심   •

(4) 조☐   설☐   •

• 명明

• 다多

• 안安

• 무無

2 가로세로 열쇠의 뜻풀이를 읽고 퍼즐을 완성하세요.

가로 열쇠
① 나누어 확실하게 밝힘
② 이름이 널리 알려져 있음
③ 분량이나 정도의 많음과 적음

세로 열쇠
④ 어떤 수를 다른 수로 나누어 분자와 분모로 나타 낸 것
⑤ 있음과 없음
⑥ 줄어서 적어짐
⑦ 여러 가지 모양

		①④ 분分		
	②⑤ 유有			⑥
			③⑦	소少

소리가 달라지는 한자 '不'

　아니 불(不)은 어떤 단어 앞에서 '~ 이 아니다'라는 부정의 뜻을 나타내요. '불가능하다', '불분명하다' 이렇게 쓰이지요. 그런데 '불'이 아니라 '부'라고 읽어야 할 때가 있어요. 바로 뒤에 따라오는 소리가 'ㄷ'이나 'ㅈ'일 때 자연스럽게 발음하기 위해 '부'라고 읽어요. 예를 들면, 다음과 같은 단어들이 있어요.

충분하지 않다는 뜻의 **부족**(不足)

이치에 맞지 않다는 뜻의 **부당**(不當)

현재 있지 않다는 뜻의 **부재중**(不在中)

도덕에 어긋난다는 뜻의 **부도덕**(不道德)

나 이 한자 알아!
아니 불, 발 족! 불족?
발이 아니다?
무슨 말이지?

재료 不足 으로
일찍 문을 닫습니다.

'아니 불'은
ㄷ과 ㅈ 앞에서 '부'로
읽어야 해. 그러니까
'부족'이라고 읽어야 하고,
충분하지 않다는 뜻이야.
'족'은 '충분하다'라는
뜻도 있거든.

5단원

우리의 말

말은 그 사람이 어떤 사람인지 드러내요.
말하기 전에 한 번 더 생각해 보세요.

스스로
학습 계획을 세우고,
실천 후  에
표시하세요.

21일차

古 옛고
今 이제 금

● 월 ● 일 😊

22일차

文 글 문
字 글자 자

● 월 ● 일 😊

23일차

問 물을 **문**
答 답할 **답**

● 월 ● 일 😄

24일차

言 말씀 **언**
語 말씀 **어**

● 월 ● 일 😄

25일차

交 사귈 **교**
信 믿을 **신**

● 월 ● 일 😄

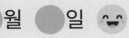

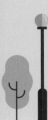

뜻 소리
옛 고

오랜 시간 동안 입으로 전해져 내려온
'옛'이야기라는 뜻이에요.

뜻 소리
이제 금

종을 울려서 현재 시간을
알리는 모습으로 '지금'을 뜻해요.

📢 한자를 쓰면서 익혀요.

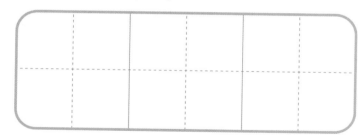

■ '고'와 '금'에 ○하고, 한자를 따라 쓰세요.

고서　중고
▼
古

금일　금년
▼
今

■ 단어를 읽고 쓰세요. 古와 今의 뜻을 찾아 ○하세요.

한자	읽기	뜻
古今	고금	(옛날)과 (지금)
古서 書 글 서		오래된 **옛날** 책
중古 中 가운데 중		이미 사용한 **오래된** 물건 🔍 古는 '오래된' 이라는 뜻도 있어요.
今일 日 날 일		**지금** 지나가고 있는 이날 → 오늘
今년 年 해 년		**지금** 지나가고 있는 이해 → 올해

109

📩 **다음 글을 읽고 물음에 답하세요.**

우리 집에는 오래된 물건이 많아요. 할머니께서 평소 소중히 다루시는 **고서**도 몇 권 있고, 제가 어릴 때부터 타던 자전거도 2대나 있어요. 그런데 자전거는 이제 작아서 **중고**로 팔기로 했어요. 엄마께서 **금일** 3시에 자전거를 살 사람을 만나기로 하셨대요. 그래서 오늘 학교가 끝나면 바로 집으로 오라고 하셨어요.

"엄마, 오늘은 금요일이 아니고 수요일인데요?"

"**금일**은 금요일이 아니고 지금 지나가는 이날, 오늘을 뜻해."

그동안 어휘를 많이 알고 있다고 생각했는데 국어 공부를 더 열심히 해야겠어요.

(교과 연계) 4학년 국어 [4국04-05] 언어가 의사소통과 관계 형성의 수단임을 이해하고 국어를 소중히 여기는 태도를 지닌다.

(1) 엄마는 자전거를 어떻게 하기로 했나요?　　　　　　　　　　　　　　　로 팔기로 함

(2) 엄마는 살 사람과 언제 만나기로 했나요?　　　　　　　　　　　　　3시

어휘가 자라는 오늘의 한자 성어

東	西	古	今
동	서	고	금
동쪽	서쪽	옛	이제

동양과 서양, 옛날과 지금을 가리키는 말로 '언제, 어디서나'라는 뜻이에요.

1 문장에 들어갈 알맞은 단어를 찾아 연결하세요.

(1)

이번 지진은 동서   을 통틀어 가장 큰 사고다.   ●

    ● 고서

(2)

우리 집에는 대대로 전해 내려오는   가 있다.   ●

    ● 고금

2 문장에 들어갈 알맞은 단어를 글자 카드에서 만들어 쓰세요.

(1)

게임기를   로 샀는데 아주 쓸만하다.

(2)

      농사는 풍년이구나!

중   금   고

고   년   금

3 밑줄 친 말에 해당하는 한자를 쓰세요.

이 책은 **동서고금**을 통틀어

가장 사랑받는 책으로 뽑혔다.

뜻 소리

글월* 문

몸에 새긴 무늬를 나타낸 것이에요.
지금은 '글'이란 뜻으로 쓰여요.

* 글월이란 글을 뜻하는 옛날 말이에요.

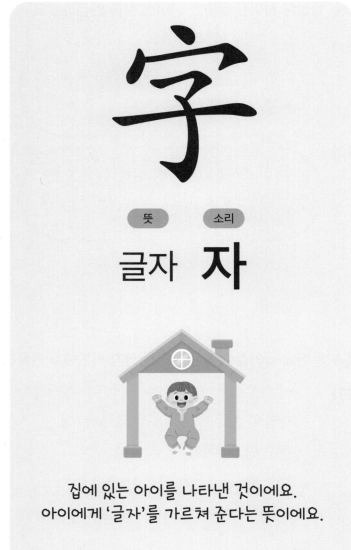

뜻 소리

글자 자

집에 있는 아이를 나타낸 것이에요.
아이에게 '글자'를 가르쳐 준다는 뜻이에요.

🗨 한자를 쓰면서 익혀요.

`丶 一 ナ 文`

`丶 丶 宀 宀 宁 字 字`

📢 '문'과 '자'에 ○하고, 한자를 따라 쓰세요.

📢 단어를 읽고 쓰세요. 文과 字의 뜻을 찾아 ○하세요.

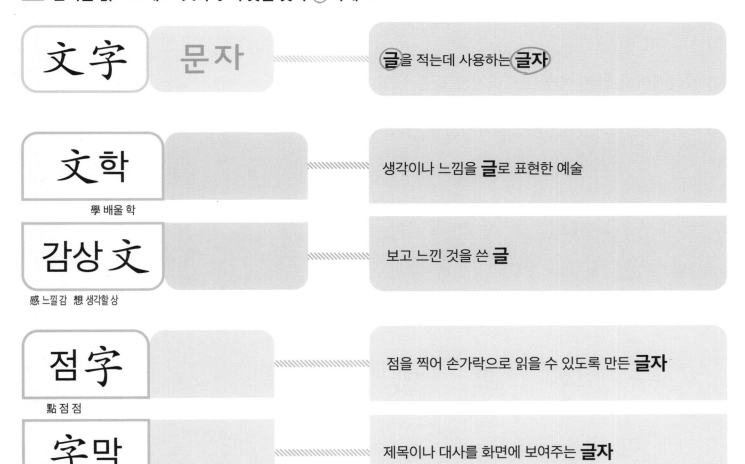

文字　문자　글을 적는데 사용하는 글자

文학　　　생각이나 느낌을 글로 표현한 예술
學 배울 학

감상文　　보고 느낀 것을 쓴 글
感 느낄 감　想 생각할 상

점字　　　점을 찍어 손가락으로 읽을 수 있도록 만든 글자
點 점 점

字막　　　제목이나 대사를 화면에 보여주는 글자
幕 장막 막

📢 다음 글을 읽고 물음에 답하세요.

엘리베이터 버튼 아래 도드라진 점들이 무엇인지 궁금했어요. 인터넷 검색을 해보니 **점자**라고 해요. **점자**는 눈이 불편한 시각 장애인을 위해 손가락으로 더듬어 읽도록 만든 **문자**래요. 더 자세히 알고 싶어서 **점자**를 배울 수 있는 책을 샀어요. 시각 장애인도 재미있는 **문학** 작품을 읽을 수 있도록 **점자**로 만든 책이 더욱 많아지면 좋겠어요.

(교과 연계) 3학년 도덕 [4도02-03] 공감의 태도가 필요한 이유를 이해하고 도덕적 상상력을 바탕으로 대상과 상황에 따라 감정을 나누는 방법을 탐구하여 실천한다.

(1) 엘리베이터 버튼 아래 도드라진 점들은 무엇이었나요?

(2) 나는 왜 점자로 만든 책이 많아지기를 바라나요?

시각 장애인도 재미있는 　　　　　　　　　 작품을 읽을 수 있도록

어휘가 자라는 오늘의 한자 성어

一　字　無　識
일　자　무　식
하나　글자　없을　알

글자를 한 자도 모를 정도로 무식하다는 말이에요.

1 문장에 들어갈 알맞은 단어를 찾아 연결하세요.

(1)

이제 　　　　　을 읽을 수 있어서
외국 만화도 마음껏 볼 수 있다. •

• 자막

(2)

≪팥죽할멈과 호랑이≫를 읽고
독서 　　　　　을 썼다. •

• 감상문

2 문장에 들어갈 알맞은 단어를 글자 카드에서 만들어 쓰세요.

(1)

한글은 과학적인 　　　　　이다.

(2)

엄마는 시나 소설 같은 　　　　　
작품 읽는 것을 좋아하신다.

자	문	감
문	자	학

3 밑줄 친 말에 해당하는 한자를 쓰세요.

일자무식이었던 아저씨가
뒤늦게 공부를 시작해 박사가 되었다.

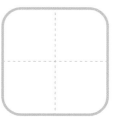

뜻 · 소리

묻다 **문**

문 앞에서 안부를 '묻는다'는 뜻이에요.

뜻 · 소리

대답하다 **답**

쪼개진 대나무에 글을 써서 보내면
답장이 왔다는 의미에서 유래한 글자예요.

📢 한자를 쓰면서 익혀요.

丨冂冂冃冑門門門問問問

丿亻ㅏ竹竹竹竹竿答答答

■ '문'과 '답'에 ○하고, 한자를 따라 쓰세요.

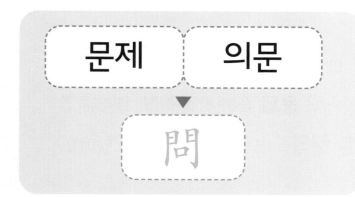

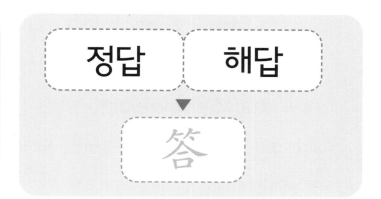

■ 단어를 읽고 쓰세요. 問과 答의 뜻을 찾아 ○하세요.

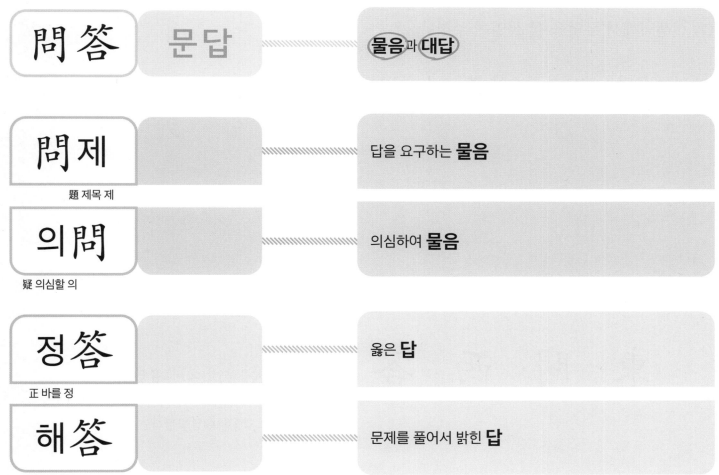

問答	문답	물음과 대답
問제		답을 요구하는 **물음**
題 제목 제		
의問		의심하여 **물음**
疑 의심할 의		
정答		옳은 **답**
正 바를 정		
해答		문제를 풀어서 밝힌 **답**
解 풀 해		

📢 다음 글을 읽고 물음에 답하세요.

> 요즘 수학 시간에는 두 자리 수 곱하기를 배우고 있어요. 한 자리 수는 쉬웠는데 두 자리 수는 좀 어려워요. 그래도 선생님께서 **문제** 풀이 방법을 잘 설명해 주셔서 저는 **정답**을 모두 맞혔어요. 뒤에 나온 **해답**을 보면서 다시 복습도 했어요. 뿌듯해요!

(교과 연계) 3학년 수학 [4수01-04] 곱하는 수가 한 자리 수 또는 두 자리 수인 곱셈의 계산 원리를 이해하고 그 계산을 할 수 있다.

(1) 선생님께서 무엇을 잘 설명해 주셨나요?　　　　　　　　　　　풀이 방법

(2) 나는 무엇을 보면서 복습을 했나요?

어휘가 자라는 오늘의 한자 성어

東	問	西	答
동	문	서	답
동쪽	물을	서쪽	답할

동쪽을 물었는데 서쪽을 답한다는 말로
물음과는 전혀 상관없는
엉뚱한 대답을 한다는 뜻이에요.

1 문장에 들어갈 알맞은 단어를 찾아 연결하세요.

(1)
책을 읽고 ⬚⬚⬚⬚이 생겨 선생님
께 여쭤봤다.

(2)
기자와 작가는 이번에 새로 나온 책에
대한 ⬚⬚⬚⬚을 주고받았다.

문답

의문

2 문장에 들어갈 알맞은 단어를 글자 카드에서 만들어 쓰세요.

(1)
누나는 아는 것이 많아서 퀴즈의
⬚⬚⬚⬚을 척척 맞힌다.

(2)
한 시간 동안이나 ⬚⬚⬚⬚를
풀지 못해 끙끙댔다.

| 의 | 정 | 답 |

| 문 | 답 | 제 |

3 밑줄 친 말에 해당하는 한자를 쓰세요.

뭐가 먹고 싶냐고 동생에게 물었는데 동생은 자꾸
장난감 이야기만 하면서 **동문서답**을 했다.

言

뜻   소리

말씀   언

입에서 말소리가 나가는 모습을 본뜬 글자예요.

語

뜻   소리

말씀   어

뜻을 나타내는 말씀 언(言)과
소리를 나타내는 나 오(吾)가 합쳐진 글자로
'오'가 '어'로 바뀌었어요.

🔊 **한자를 쓰면서 익혀요.**

`丶 亠 亠 言 言 言 言`

`丶 亠 亠 言 言 言 訂 訂 語 語 語 語 語`

'언'과 '어'에 ○하고, 한자를 따라 쓰세요.

단어를 읽고 쓰세요. 言과 語의 뜻을 찾아 ○하세요.

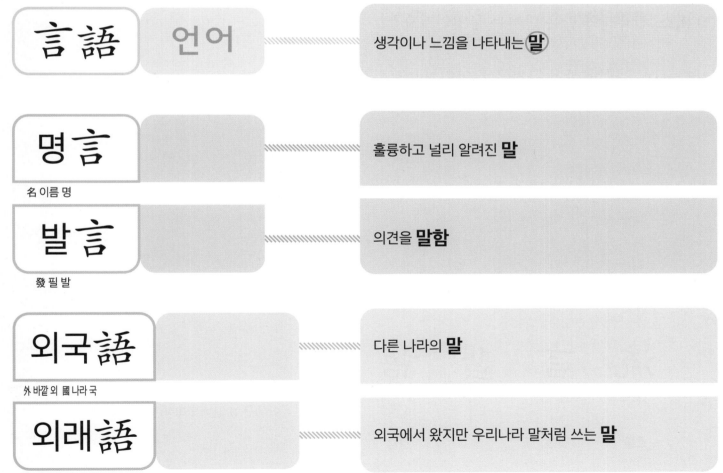

| 言語 | 언어 | 생각이나 느낌을 나타내는 **말** |

| 명言 | | 훌륭하고 널리 알려진 **말** |

名 이름 명

| 발言 | | 의견을 **말함** |

發 필 발

| 외국語 | | 다른 나라의 **말** |

外 바깥 외 國 나라 국

| 외래語 | | 외국에서 왔지만 우리나라 말처럼 쓰는 **말** |

外 바깥 외 來 올래

📖 다음 글을 읽고 물음에 답하세요.

> 선생님: 모두 자리에 앉으세요. 국어 수업을 시작할게요. 지난 시간에는 **외래어**를 배웠어요. **외래어**에는 버스, 컴퓨터와 같은 단어가 있지요. 오늘은 회의할 때 지켜야 할 규칙에 대해서 배울 거예요. 생각나는 규칙이 있나요?
>
> 다윤: 회의 시간에 의견을 말할 때는 손을 들어 **발언**권을 먼저 얻어야 해요.

(교과 연계) 3학년 국어 [4국04-02] 단어를 분류하고 국어사전을 활용하여 능동적인 국어 활동을 한다.

(1) 버스, 컴퓨터와 같은 단어는 무엇인가요?

(2) 다윤이가 말한 회의 규칙은 무엇인가요?

먼저 [   ]권 얻기

어휘가 자라는 오늘의 한자 성어

流	言	蜚	語
유	언	비	어
흐를	말씀	날	말씀

흐르고 날아다니는 말처럼
아무 근거 없이 널리 퍼진 소문을 뜻해요.

1 문장에 들어갈 알맞은 단어에 ○하세요.

(1)
> 삼촌은 여러 나라에서 살아서 5개 (언어/발언)를 할 수 있다.

(2)
> "너 자신을 알라"는 소크라테스가 남긴 (명언/발언)이다.

(3)
> 아빠는 요즘 (외국어/발언)로 된 책을 읽고 계신다.

(4)
> '빵'은 우리나라 고유어인 줄 알았는데 (외래어/명언)라니 정말 놀랐다.

2 말씀 언(言)을 모두 찾아 ○하고 몇 개인지 세어 보세요.

_____개

言	語	話
話	言	語
語	言	言

3 다음 중 어(語)가 쓰인 단어 2개를 찾아 ○하세요.

- 형은 요즘 **외국어** 공부에 푹 빠져있다.
- 친구는 물건을 훔쳤다는 **유언비어**에 힘들어했다.
- 우리 아빠의 고향은 조그만 **어촌**이다.

> **도움말**
> '말'과 관련된 단어를 골라 보세요.
> 다른 하나는 고기잡을 어(漁)를 써요.

뜻 소리

사귀다 **교**

다리를 꼬고 앉은 사람의 모습을 나타내요.

뜻 소리

믿다 **신**

사람의 말에는 믿음이 있어야 한다는 의미로
사람 인(人)과 말씀 언(言)을 합친 글자예요.

💬 한자를 쓰면서 익혀요.

丶 亠 亣 六 亣 交

丿 亻 亻 仆 亻 信 信 信 信

📢 '교'와 '신'에 ○하고, 한자를 따라 쓰세요.

📢 단어를 읽고 쓰세요. 交와 信의 뜻을 찾아 ◯하세요.

交信	교신	**소식**이나 **정보**를 **서로** 주고받음

🔍 交는 '서로'라는 뜻이 있어요. 信은 '소식', '정보'라는 뜻이 있어요.

交통		사람이 **서로** 오고 가거나 짐을 실어 나름

通 통할 통

🔍 자동차 기차, 배, 비행기 등을 교통수단이라고 해요.

외交		다른 나라와 **서로** 관계를 맺는 일

外 바깥 외

信뢰		**믿고** 의지함

賴 의지할 뢰

자信감		스스로를 **믿는** 느낌

自 스스로 자   感 느낄 감

📬 다음 글을 읽고 물음에 답하세요.

> 제 꿈은 **외교**관이에요. **외교**란 다른 나라와 정치적, 경제적, 문화적 관계를 맺는 일을 가리켜요. **외교**관이 되기 위해서는 영어 공부를 열심히 해야 해요. 저는 매일 영어책을 3권씩 읽기로 계획을 세우고 꾸준히 실천하고 있어요. 그래서 요즘 영어에 **자신감**이 부쩍 생겼어요. 이런 저의 모습에 엄마도 저를 **신뢰**하시고 저의 꿈을 응원하세요. 올여름에는 좋은 경험을 쌓기 위해 해외에 가보기로 했어요.

(교과 연계) 3학년 영어 [4영01-07] 적절한 전략을 활용하여 담화나 문장을 듣거나 읽는다.

(1) 나의 꿈은 무엇인가요?   관

(2) 영어 공부를 꾸준히 하니 무엇이 생겼나요?

어휘가 자라는 오늘의 한자 성어

水	魚	之	交
수	어	지	교
물	물고기	어조사	사귈

물과 물고기의 관계라는 뜻으로 서로 친하여 떨어질 수 없는 사이를 가리켜요.

1 문장에 들어갈 알맞은 단어에 ○하세요.

(1) 두 군인은 무전기로 (교신/교통)하였다.

(2) 동네에 도로가 새로 생겨 (교신/교통)이 편리해졌다.

(3) 자꾸 거짓말을 하는 친구는 (자신감/신뢰)하기 어렵다.

(4) 어려운 문제를 풀었더니 수학에 (자신감/신뢰)이 생겼다.

2 다음 뜻에 해당하는 한자를 찾아 연결하세요.

(1) 믿다 •

(2) 사귀다 •

• 信

• 交

3 다음 중 교(交)가 쓰인 단어 2개를 찾아 ○하세요.

• **교문** 앞에서 엄마와 만나기로 약속했다.

• 갑작스럽게 내리는 눈으로 **교통**이 마비되었다.

• 나와 민지는 매일 같이 다니는 **수어지교**이다.

도움말

'서로, 관계'와 관련된 단어를 골라 보세요.
다른 하나는 학교 교(校)를 써요.

1 빈칸에 공통으로 들어가는 글자를 찾아 연결하세요.

(1) ☐일   ☐년   •

(2) ☐뢰   자☐감   •

(3) ☐신   ☐통   •

(4) ☐학   ☐자   •

• 교交

• 금今

• 문文

• 신信

2 가로세로 열쇠의 뜻풀이를 읽고 퍼즐을 완성하세요.

가로 열쇠
① 의심하여 물음
② 다른 나라와 서로 관계를 맺는 일
③ 다른 나라의 말
④ 오래된 옛날 책

세로 열쇠
⑤ 물음과 대답
⑥ 외국에서 왔지만 우리말처럼 쓰는 말
⑦ 이미 사용한 오래된 물건

①		⑤문問			
				②⑥	교交
			③	어語	
		⑦			
		④고古			

한국어는 무엇으로 이루어졌을까?

한국어는 고유어, 한자어, 외래어, 혼종어 4가지로 이루어져 있어요.

고유어는 원래부터 있었던 순우리말이에요. '바다, 마음, 아빠, 엄마' 등이 있어요. 한자어는 한자를 바탕으로 만들어진 말이에요. '교실(教室), 학교(學校), 학생(學生), 가족(家族)' 등이 있어요. 외래어는 외국에서 왔지만 우리말처럼 쓰는 말이에요. '버스, 커피, 빵, 플라스틱' 같은 말이 있어요. 혼종어는 서로 다른 언어에서 유래한 말들이 합쳐져서 만들어진 말이에요. 영어와 한자, 한자와 고유어 등이 결합했어요. '메뉴(menu)+판(板)', '보리 + 차(茶)', '식(食) + 칼'과 같은 말이 있어요.

한국어에는 한자어가 가장 많고 고유어, 혼종어, 외래어 순으로 많아요. 한국어에서 한자 공부를 빼놓을 수 없는 이유를 알겠지요?

양(洋) + 파
한자어 + 고유어

양념+치킨(chicken)
고유어 + 외래어

밥 + 상(床)
고유어 + 한자어

스키(ski) + 장(場)
외래어 + 한자어

6단원

우리 생활

우리가 생활하는데 꼭 필요한 것들에
감사한 마음을 지녀요.

스스로
학습 계획을 세우고,
실천 후 😊에
표시하세요.

26일차

工 장인 공
夫 남편 부

● 월 ● 일 😊

27일차

衣 옷 의
食 먹을 식

● 월 ● 일 😊

28일차

時 때 **시**
間 사이 **간**

● 월 ● 일 😊

29일차

學 배울 **학**
校 학교 **교**

● 월 ● 일 😊

30일차

姓 성씨 **성**
名 이름 **명**

● 월 ● 일 😊

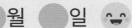

工

뜻 소리

장인 **공**

땅을 다질 때 쓰는 도구의 모습이에요.
'도구를 가지고 물건을 만들다'
또는 '만드는 사람'이라는 뜻으로 쓰여요.

夫

뜻 소리

남편 **부**

상투를 튼 남자의 모습이에요.

📢 한자를 쓰면서 익혀요.

一 丁 工

一 二 夫 夫

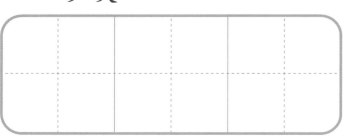

■ '공'과 '부'에 ○하고, 한자를 따라 쓰세요.

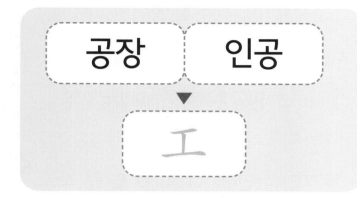
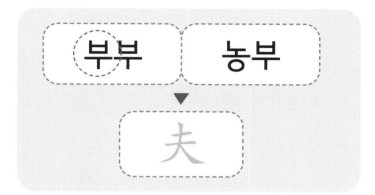

■ 단어를 읽고 쓰세요. 工과 夫의 뜻을 찾아 ◯하세요.

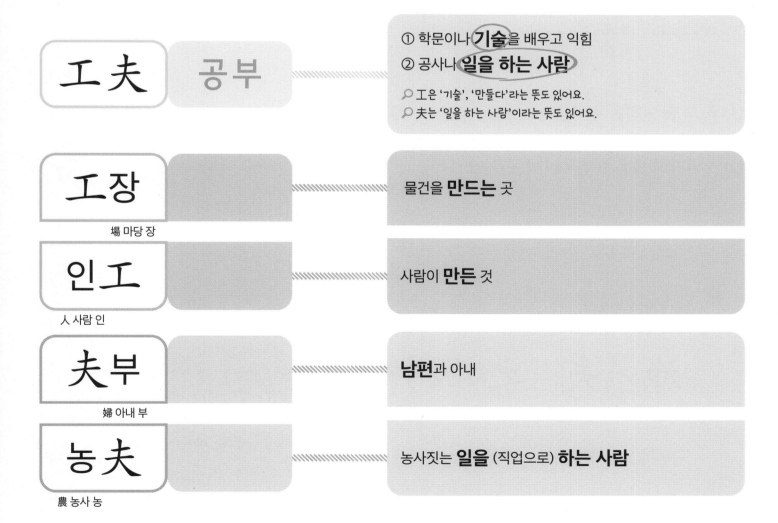

工 夫　　공부

① 학문이나 **기술**을 배우고 익힘
② 공사나 **일을 하는 사람**

🔍 工은 '기술', '만들다'라는 뜻도 있어요.
🔍 夫는 '일을 하는 사람'이라는 뜻도 있어요.

工장
場 마당 장

물건을 **만드는** 곳

인工
人 사람 인

사람이 **만든** 것

夫부
婦 아내 부

남편과 아내

농夫
農 농사 농

농사짓는 **일을** (직업으로) **하는 사람**

다음 글을 읽고 물음에 답하세요.

오늘은 그동안 열심히 **공부**한 저를 위해 특별 여행을 떠나는 날이에요. 장소는 바로 스키장! 스키장의 하얀 눈은 진짜 눈이 아니고 **인공**눈이래요. 이렇게 많은 눈을 만들 수 있다니 신기했어요.

스키는 처음 타 봐서 긴장됐어요. 하지만 한 시간쯤 연습하니 혼자서도 탈 수 있었어요. 바람을 가르며 높은 곳에서 내려올 때 정말 신이 났어요. 아빠, 엄마는 신혼 **부부**처럼 다정하게 함께 스키를 타셨어요.

(교과 연계) 4학년 사회 [4사03-01] 최근 사회 변화의 양상과 특징을 파악하고, 그로 인해 나타난 생활모습의 변화를 탐색한다.

(1) 왜 특별 여행을 갔나요?　　　　　　그동안 열심히 ＿＿＿＿＿＿＿＿＿ 했기 때문에

(2) 스키장에 있는 눈은 어떤 눈인가요?　　　　＿＿＿＿＿＿＿＿＿ 눈

어휘가 자라는 오늘의 한자 성어

漁 夫 之 利
어 부 지 리
고기잡을　남편　어조사　이로울

어부의 이익이라는 뜻으로 두 사람이 서로 싸우는 사이 엉뚱한 사람이 이익을 차지했다는 말이에요. 조개와 도요새가 서로 싸우다가 지나가는 어부가 손쉽게 둘을 잡았다는 이야기에서 유래했어요.

1 문장에 들어갈 알맞은 단어를 찾아 연결하세요.

(1)

가을볕에 추수를 하는 ⬭ 아저씨
의 이마에서 땀방울이 흐른다. •

• 부부

(2)

옆집 ⬭ 는 토요일마다 둘이 함께
마을 어른들께 점심 식사를 대접한다. •

• 농부

2 문장에 들어갈 알맞은 단어를 글자 카드에서 만들어 쓰세요.

(1)

우리 형은 자동차 ⬭ 에서
일하며 열심히 돈을 모은다.

장 공 부

(2)

이곳은 자연적으로 만들어진 호수가
아니라 ⬭ 호수이다.

인 년 공

3 밑줄 친 말에 해당하는 한자를 쓰세요.

두 나라가 전쟁으로 정신없는 틈을 타

이웃 나라가 **어부**지리로 영토를 차지했다.

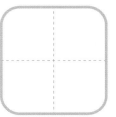

뜻 소리

옷 의

긴 소매가 펄럭이는 옷의 모습이에요.

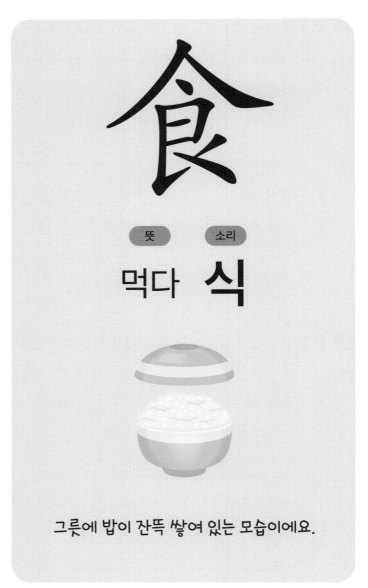

뜻 소리

먹다 식

그릇에 밥이 잔뜩 쌓여 있는 모습이에요.

📢 한자를 쓰면서 익혀요.

丶　一　ブ　ラ　衣　衣

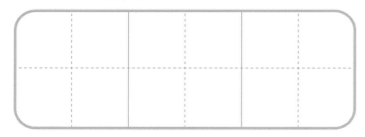

丿　人　人　今　今　亽　食　食　食

'의'와 '식'에 ○하고, 한자를 따라 쓰세요.

단어를 읽고 쓰세요. 衣와 食의 뜻을 찾아 ○하세요.

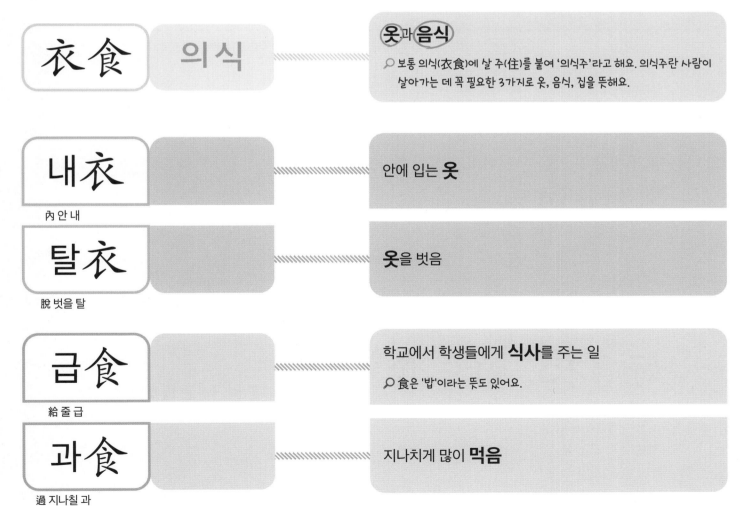

衣食 의식

(옷)과(음식)

🔎 보통 의식(衣食)에 살 주(住)를 붙여 '의식주'라고 해요. 의식주란 사람이 살아가는 데 꼭 필요한 3가지로 옷, 음식, 집을 뜻해요.

내衣
內 안 내

안에 입는 **옷**

탈衣
脫 벗을 탈

옷을 벗음

급食
給 줄 급

학교에서 학생들에게 **식사**를 주는 일

🔎 食은 '밥'이라는 뜻도 있어요.

과食
過 지나칠 과

지나치게 많이 **먹음**

━ **다음 글을 읽고 물음에 답하세요.**

> 늦잠을 자는 바람에 아침밥을 먹지 못하고 등교했다. 오전 내내 배가 고팠다. 오늘 **급식** 메뉴는 내가 좋아하는 돈가스였다. 너무 맛있어서 허겁지겁 먹고는 더 받으러 갔다. 그런데 음식을 받고 나오다가 친구와 부딪혀서 소스가 티셔츠에 묻고 말았다. **탈의**실에 가서 옷을 갈아입고 싶었지만 갈아입을 옷이 없었다. 더구나 **과식**을 했는지 배가 아파서 보건실에 가서 약을 먹고 누워 있었다. 늦잠 때문에 모든 것이 꼬인 하루였다.

(교과 연계) 3학년 체육 [4체01-04] 건강을 위한 바른 생활 습관을 이해하고 생활 속에서 규칙적으로 실천한다.

(1) 나는 소스가 묻은 옷을 어디에서 갈아입고 싶었나요? ⬜실

(2) 나는 배가 아픈 원인을 무엇이라고 생각했나요? ⬜

📑 **어휘가 자라는 오늘의** 한자 성어

好	衣	好	食
호	의	호	식
좋을	옷	좋을	먹을

좋은 옷을 입고 좋은 음식을 먹는다는 뜻으로 고생 없이 풍요롭게 살아가는 모습을 가리켜요.

1 문장에 들어갈 알맞은 단어를 찾아 연결하세요.

(1)
> 　　　　주는 인간이 살아가는
> 데 꼭 필요한 3가지이다. ·

· 내의

(2)
> 쌀쌀한 날씨에 　　　　를 입지
> 않았더니 너무 추웠다. ·

· 의식

2 문장에 들어갈 알맞은 단어를 글자 카드에서 만들어 쓰세요.

(1)
> 맛있는 음식이라고 　　　　을
> 하면 배탈이 난다.

식　과　의

(2)
> 엑스레이 사진을 찍기 위해서는
> 　　　　를 해야 합니다.

탈　의　식

3 밑줄 친 말에 해당하는 한자를 쓰세요.

> 범죄를 저지른 사업가가 **호의호식**을 하는 모습에
> 모든 사람이 분노했다.

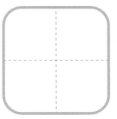

뜻 소리
때 시

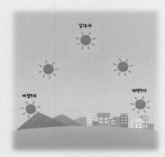

해 일(日)은 해가 뜨고 지면서 시간이 흐른다는
뜻을 나타내요. 사(寺)는 소리를 나타내는
부분으로 '사'가 '시'로 바뀌었어요.

間

뜻 소리
사이 간

문 사이로 해가 보인다는 뜻이에요.

━ 한자를 쓰면서 익혀요.

丨 冂 冃 日 日~ 旪 旪 旹 時 時

丨 冂 冂 冋 冃 門 門 門 門 閂 間 間 間

140

📢 '시'와 '간'에 ○하고, 한자를 따라 쓰세요.

📢 단어를 읽고 쓰세요. 時와 間의 뜻을 찾아 ○하세요.

| 時間 | 시간 | ① 어떤 때에서 어떤 때까지의 사이
② 시간의 어느 한 시점 |

時각
刻 새길 각 · ① 시간의 어느 한 시점 ② 짧은 시간

時침
針 바늘 침 · 시계에서 시를 가리키는 짧은 바늘

間식
食 먹을 식 · 끼니와 끼니 사이에 먹는 음식

間격
隔 사이 뜰 격 · 시간이나 거리가 벌어진 사이

141

교과서와 만나기

■ 다음 글을 읽고 물음에 답하세요.

나: 시호야, 시계에서 짧은 바늘은 **시침**이야. 그럼 지금은 몇 시일까?

동생: 2시! 누나 그런데 **시각**과 **시간**은 다른 말이야?

나: 같은 뜻도 있고 다른 뜻도 있어. **시간**의 어느 한 시점은 **시각**, **시간**을 모두 사용할 수 있어. '현재 **시간**', '현재 **시각**'처럼 말이야. 하지만 "**시각**을 다투다"처럼 짧은 **시간**을 나타낼 때는 **시각**, "2**시간**이나 걸었다"처럼 때와 때 사이는 **시간**을 써야 해.

(교과 연계) 4학년 수학 [4수03-13] 1분과 1초의 관계를 이해하고, 초 단위까지 시각을 읽을 수 있다.

(1) 시계에서 짧은 바늘을 무엇이라고 하나요?

(2) 때와 때 사이를 가리키는 말은 무엇인가요?

어휘가 자라는 오늘의 한자 성어

今	時	初	聞
금	시	초	문
이제	때	처음	들을

지금 이때 처음으로 들었다는 뜻이에요.

1 문장에 들어갈 알맞은 단어를 찾아 연결하세요.

(1)
> 간단한 체조를 가르쳐 줄 테니 책상
> 을 벌려 주세요.

• 간식

(2)
> 집에 돌아오니 엄마가   으로
> 떡볶이를 만들어주셨다.

• 간격

2 문장에 들어갈 알맞은 단어를 글자 카드에서 만들어 쓰세요.

(1)
> 영어 숙제를 하는데 생각보다
> 이 많이 걸려 힘들었다.

시 격 간

(2)
> 형은 친구와의 약속   에
> 맞춰 서둘러 옷을 입고 나갔다.

각 시 침

3 밑줄 친 말에 해당하는 한자를 쓰세요.

오늘이 개교기념일이라니 **금시초문**이다.

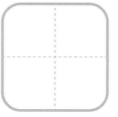

뜻 소리

배우다 **학**

아이가 책상에서 책을 읽고 있는 모습이에요.

뜻 소리

학교 **교**

나무가 있는 학교의 모습이에요.

📢 한자를 쓰면서 익혀요.

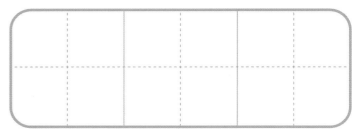

■ '학'과 '교'에 ○하고, 한자를 따라 쓰세요.

■ 단어를 읽고 쓰세요. 學과 校의 뜻을 찾아 ○하세요.

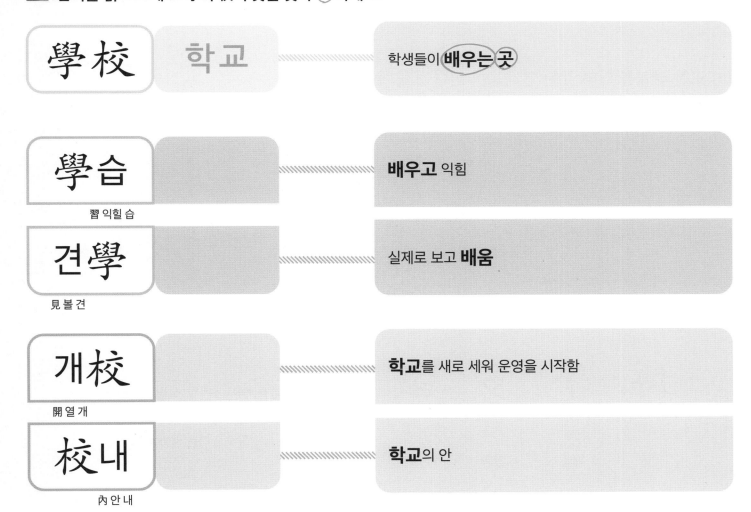

| 學校 | 학교 | 학생들이 **배우는 곳** |

| 學習 習 익힐 습 | | **배우고** 익힘 |

| 견學 見 볼 견 | | 실제로 보고 **배움** |

| 개校 開 열 개 | | **학교**를 새로 세워 운영을 시작함 |

| 校內 內 안 내 | | **학교**의 안 |

📢 다음 글을 읽고 물음에 답하세요.

> 오늘은 공개 수업이 있는 날이에요. 아침부터 **학교**가 매우 들썩였어요. **교내** 곳 곳에 교실 위치를 알려 주는 안내문이 붙어 있어요. 부모님들은 안내문을 보고 자녀 의 교실을 찾아갔어요. 선생님께서 **학습** 목표를 칠판에 쓰시고 수업을 시작하셨 어요. 저는 제가 좋아하는 곤충을 소개하는 글을 쓰고 씩씩하게 발표했어요. 많은 분이 박수를 쳐 주셔서 참 기뻤어요.

(교과 연계) 4학년 국어 [4국01-05] 목적과 주제에 알맞게 자료를 정리하여 자신감 있게 발표한다.

(1) 교실 위치를 알려 주는 안내문이 어디에 붙어 있나요?　　　　　　　　　　 곳곳에

(2) 선생님께서 칠판에 무엇을 쓰시고 수업을 시작하셨나요?　　　　　　　　 목표

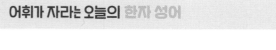

어휘가 자라는 오늘의 한자 성어

博	學	多	識
박	학	다	식
넓을	배울	많을	알

넓게 배워 아는 것이 많다는 뜻으로
다양한 분야의 지식을 많이
알고 있다는 말이에요.

1 문장에 들어갈 알맞은 단어를 찾아 연결하세요.

(1)

오늘은 _____ 기념일이라 학교에 가지 않는다.

○

○ 학습

(2)

알파벳을 노래로 _____ 하니 지루하지 않고 재밌다.

○

○ 학교

(3)

_____ 앞에 문구점이 새로 생겼다.

○

○ 개교

2 다음 밑줄 친 한자의 뜻과 소리를 쓰세요.

校내에서 뛰어다니면 위험합니다.

뜻:

소리:

3 다음 중 학(學)이 쓰인 단어 2개를 찾아 ○하세요.

• 오늘은 과학관으로 **견학**을 간다. 기대된다!

• 동물원에서 **홍학**이 날갯짓하는 것을 처음 보았다.

• 우리 할아버지는 **박학다식**하셔서 무엇이든 척척 대답해 주신다.

> **도움말**
> '배우다'와 관련된 단어를 골라 보세요.
> 다른 하나는 학 학(鶴)을 써요.

147

姓

뜻   소리

성씨   **성**

태어난 아기에게 성씨를 붙여 줘요.

名

뜻   소리

이름   **명**

어두운 저녁에 입으로 이름을 불러요.

📣 한자를 쓰면서 익혀요.

く く タ タ タ タ 姓 姓 姓

ノ ク タ タ 名 名

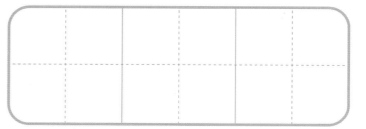

📭 '성'과 '명'에 ○하고, 한자를 따라 쓰세요.

📭 단어를 읽고 쓰세요. 姓과 名의 뜻을 찾아 ○하세요.

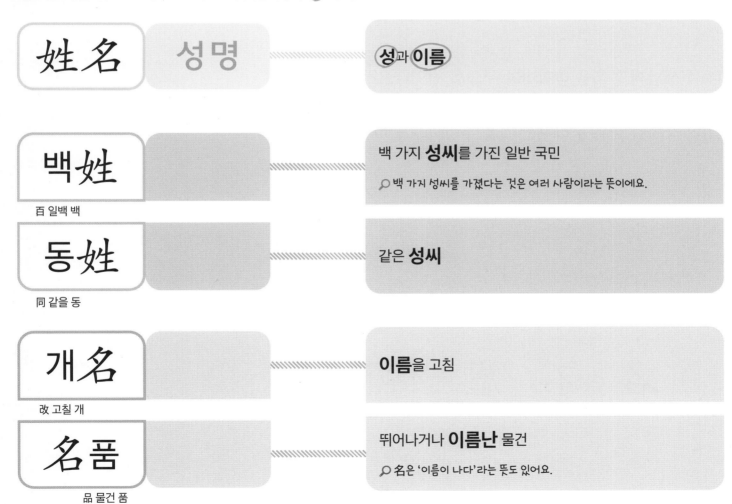

姓名   성명 ·········· (성)과 (이름)

백姓
百 일백 백
 ·········· 백 가지 **성씨**를 가진 일반 국민
🔍 백 가지 성씨를 가졌다는 것은 여러 사람이라는 뜻이에요.

동姓
同 같을 동
 ·········· 같은 **성씨**

개名
改 고칠 개
 ·········· **이름**을 고침

名품
品 물건 품
 ·········· 뛰어나거나 **이름난** 물건
🔍 名은 '이름이 나다'라는 뜻도 있어요.

📢 다음 글을 읽고 물음에 답하세요.

> 선생님께서 생활 계획을 세울 수 있는 공책을 반 아이들에게 나누어 주셨어요. 받자마자 공책 앞에 **성명**을 적었어요. 제 이름은 강다윤, 짝꿍의 이름은 강하진이에요. 제 짝꿍의 이름은 원래 수현이었는데 얼마 전에 **개명**했어요. 우리는 둘 다 성이 '강'으로 **동성**이에요. 선생님께서는 아침에는 공책에 오늘 할 일을 적고 저녁에는 점검하면서 좋은 습관을 만들자고 하셨어요.

(교과 연계) 4학년 도덕 [4도01-03] 성실한 생활의 모범 사례를 탐색하고 시간 관리를 위한 생활을 계획하여 지속적인 자기 성장을 모색한다.

(1) 선생님께 공책을 받자마자 무엇을 적었나요?

(2) 짝꿍처럼 이름을 바꾸는 것을 무엇이라고 하나요?

📑 어휘가 자라는 오늘의 한자 성어

名	不	虛	傳
명	불	허	전
이름	아니	빌	전할

이름이 헛되이 전해진 것이 아니라는 뜻으로 유명해진 데는 이유가 있음을 뜻해요.

1 문장에 들어갈 알맞은 단어를 찾아 연결하세요.

(1) 좋은 임금은 _____을 먼저 생각한다.

(2) 이 도자기는 장인이 만든 _____이다.

(3) 모든 서류에 반드시 _____을 써 주세요.

(4) 내 친구는 이름 때문에 놀림을 많이 받아서 _____하기로 결심했다.

백성

개명

성명

명품

2 다음 밑줄 친 한자의 뜻과 소리를 쓰세요.

우리는 동姓으로 성이 박씨다.

뜻:

소리:

3 다음 중 명(名)이 쓰인 단어 2개를 찾아 ○하세요.

- **명불허전**이라더니 이 식당이 맛집인 이유가 있구나!
- 네가 차근차근 **설명**해 준 덕분에 쉽게 이해가 되었어!
- 요즘은 예전에 비해 **개명**하기가 어렵지 않다.

도움말
'이름, 이름나다'와 관련된 단어를 골라 보세요.
다른 하나는 밝을 명(明)을 써요.

1 빈칸에 공통으로 들어가는 글자를 찾아 연결하세요.

(1) ◻명   동◻ ·

(2) 내◻   탈◻ ·

(3) ◻간   ◻침 ·

· 의衣

· 시時

· 성姓

2 알맞은 단어를 <보기>에서 찾아 문장을 완성하세요.

보기   백성   과식   인공   교내

(1) 학교 공사로 인해 _____ 출입이 금지되었다.

(2) 세종 대왕은 _____ 을 사랑한 임금이었다.

(3) 불치병 환자를 위한 _____ 심장이 개발 중이다.

3 다음 한자의 뜻과 소리를 쓰세요.

(1) 이 박물관에는 名품이 많이 전시되어 있다.   뜻: 소리:

(2) 우리 학교는 개校한 지 40년이나 되었다.   뜻: 소리:

(3) 오늘 엄마께서 간食으로 핫도그를 만들어 주셨다.   뜻: 소리:

옛날 사람들은 시간을 어떻게 나타냈을까?

"우리 신시(申時)에 만납시다."

"그는 술시(戌時)가 지나도록 오지 않았다."

이런 대사를 사극에서 들어본 적 있나요? 옛날에는 시간을 지금과 다르게 나타냈어요. 옛날 사람들은 하루를 12개로 나누었어요. 지금은 60분이 1시간이지만 옛날에는 2시간을 하나의 시간 단위로 보았지요. 그리고 각 시간에 열두 띠 동물의 이름을 붙였어요. 23시부터 1시를 자(子)로 시작해서 축(丑), 인(寅), 묘(卯), 진(辰), 사(巳), 오(午), 미(未), 신(申), 유(酉), 술(戌), 해(亥)라고 해요.

이 중에서 지금도 쓰는 말이 있는데 바로 낮 12시를 뜻하는 '정오'와 밤 12시를 뜻하는 '자정'이에요. 11시부터 1시는 오(午)시인데, 12시는 오시의 한가운데이기 때문에 정오(正午)라고 해요. 23시부터 1시는 자(子)시인데, 밤 12시는 자시의 한가운데이기 때문에 자정(子正)이라고 하지요.

옆의 시간을 나타내는 그림을 보고 지금은 무슨 시인지 이야기해 볼까요?

지금은 오후 4시이니 신시구나.

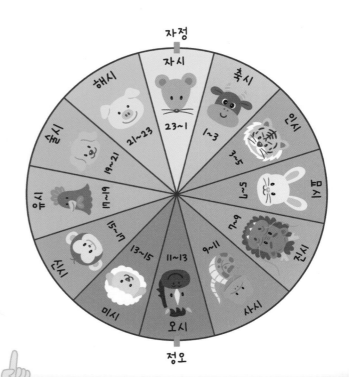

한자 급수 안내

1권	2권	3권
◆8급 한자 위주, 생활 기초 한자	◆7급 한자 위주, 생활 및 교과 기초 한자	◆6급 한자 위주, 교과 기초 한자, 어휘 확장성이 높은 한자
◆2개 이상의 한자가 결합되지 않는 획순이 적고 쉬운 한자	◆8급 10자, 7급 36자, 6급 12자, 5급 2자	◆8급 2자, 7급 25자, 6급 28자, 5급 5자
◆8급 30자, 7급 17자, 6급 2자, 5급 1자		

1권

人 사람 인_8	口 입 구_7
手 손 수_7	足 발 족_7
耳 귀 이_5	目 눈 목_6
心 마음 심_7	身 몸 신_6
自 스스로 자_7	力 힘 력_7

一 하나 일_8	二 둘 이_8
三 셋 삼_8	四 넷 사_8
五 다섯 오_8	六 여섯 육_8
七 일곱 칠_8	八 여덟 팔_8
九 아홉 구_8	十 열 십_8

年 해 년_8	月 달 월_8
火 불 화_8	水 물 수_8
木 나무 목_8	金 쇠 금_8
土 흙 토_8	日 해 일_8
午 낮 오_7	夕 저녁 석_7

父 아버지 부_8	母 어머니 모_8
兄 형 형_8	弟 아우 제_8
孝 효도 효_7	子 아들 자_7
男 사내 남_7	女 여자 녀_8
長 길 장_8	老 늙을 로_7

大 큰 대_8	門 문 문_8
中 가운데 중_8	小 작을 소_8
上 위 상_7	下 아래 하_7
出 나갈 출_7	入 들 입_7
內 안 내_7	外 바깥 외_8

2권

東 동쪽 동_8	西 서쪽 서_8
南 남쪽 남_8	北 북쪽 북_8
春 봄 춘_7	夏 여름 하_7
秋 가을 추_7	冬 겨울 동_7
左 왼쪽 좌_7	右 오른쪽 우_7

世 인간 세_7	界 지경 계_6
民 백성 민_8	主 주인 주_7
國 나라 국_8	家 집 가_7
市 시장 시_7	村 마을 촌_7
洞 고을 동_7	里 마을 리_7

天 하늘 천_7	地 땅 지_7
花 꽃 화_7	草 풀 초_7
山 산 산_8	海 바다 해_7
風 바람 풍_6	雨 비 우_5
靑 푸를 청_8	林 수풀 림_7

有 있을 유_7	無 없을 무_5
不 아니 불_7	正 바를 정_7
多 많을 다_6	少 적을 소_7
分 나눌 분_6	明 밝을 명_6
安 편안할 안_7	樂 즐거울 락_6

古 옛 고_6	今 이제 금_6
文 글 문_7	字 글자 자_7
問 물을 문_7	答 답할 답_7
言 말씀 언_6	語 말씀 어_7
交 사귈 교_6	信 믿을 신_6

工 장인 공_7	夫 남편 부_7
衣 옷 의_6	食 먹을 식_7
時 때 시_7	間 사이 간_7
學 배울 학_8	校 학교 교_8
姓 성씨 성_7	名 이름 명_7

3권

重 무거울 중_7	要 중요할 요_5
新 새로울 신_6	聞 들을 문_6
共 함께 공_6	感 느낄 감_6
作 지을 작_6	成 이룰 성_6
全 온전할 전_7	知 알 지_5

社 모일 사_6	會 모일 회_6
道 길 도_7	路 길 로_6
事 일 사_7	物 물건 물_7
場 마당 장_7	所 바 소_7
去 갈 거_5	來 올 래_7

公 공평할 공_6	효 설 립_7
根 뿌리 근_6	本 근본 본_6
王 임금 왕_8	朝 아침 조_6
活 살 활_7	動 움직일 동_7
利 이로울 리_6	用 쓸 용_6

直 곧을 직_7	角 뿔 각_6
算 셀 산_7	數 셀 수_7
合 합할 합_6	同 같을 동_7
等 같을 등_6	號 이름 호_6
圖 그림 도_6	形 모양 형_6

登 오를 등_7	落 떨어질 락_5
生 날 생_8	命 목숨 명_7
方 네모 방_7	向 향할 향_6
空 빌 공_7	氣 기운 기_7
溫 따뜻할 온_6	度 법도 도_6

體 몸 체_6	育 기를 육_7
平 평평할 평_7	面 얼굴 면_7
前 앞 전_7	後 뒤 후_7
強 강할 강_6	弱 약할 약_6
善 착할 선_5	美 아름다울 미_6

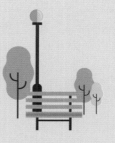

정답

1일차

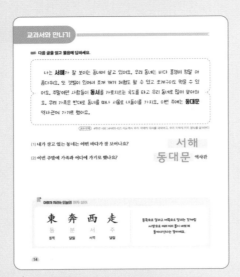

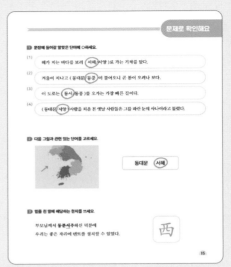

2일차

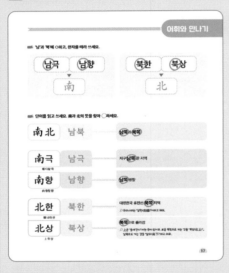

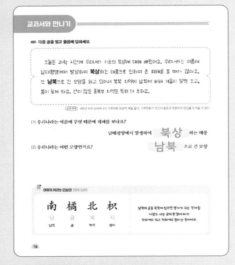

3일차

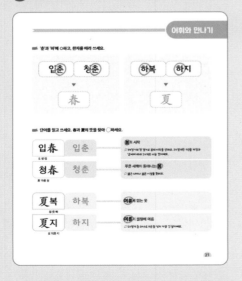

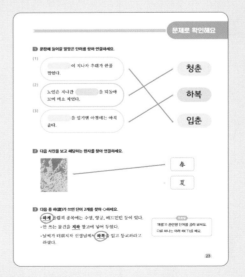

4일차

5일차

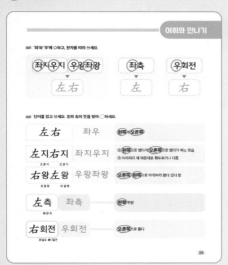

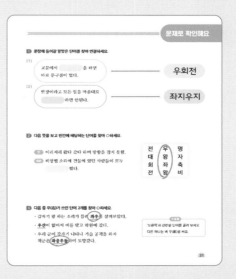

복습

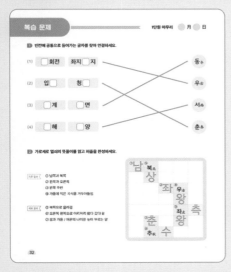

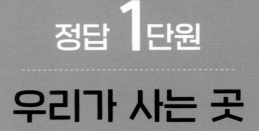

정답 **1**단원

우리가 사는 곳

6일차

7일차

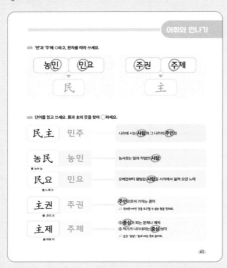

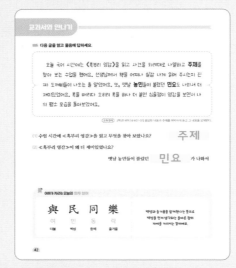

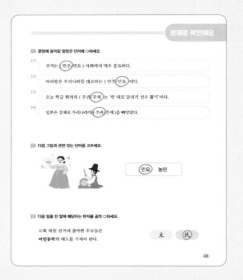

8일차

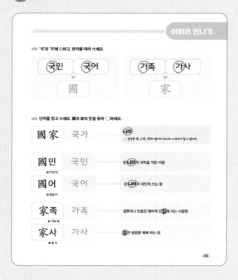

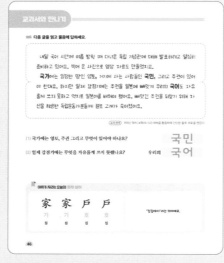

9일차

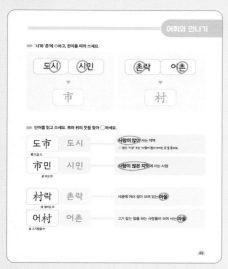

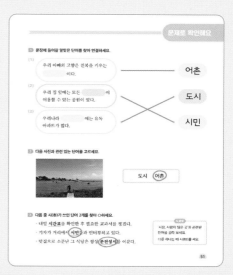

10일차

복습

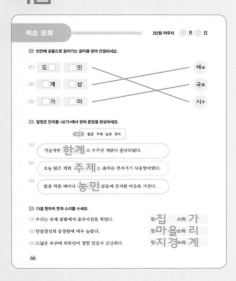

11일차

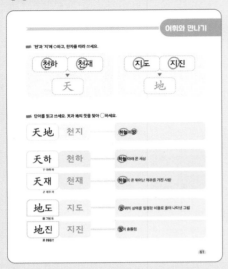 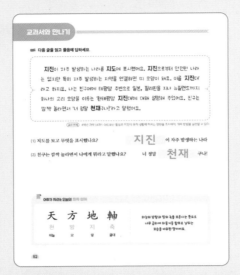 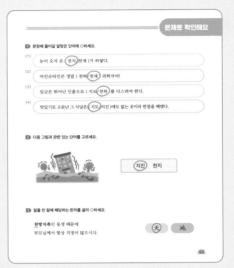

12일차

  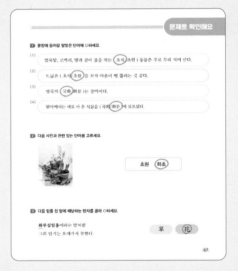

13일차

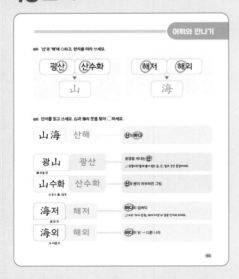 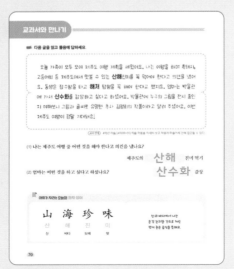 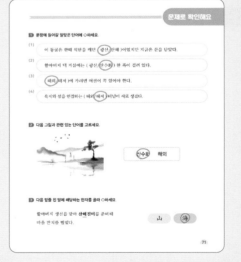

14일차

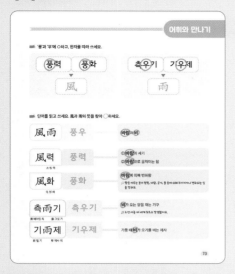

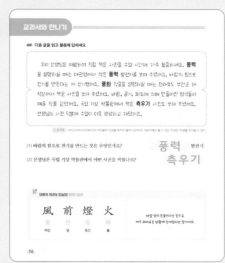

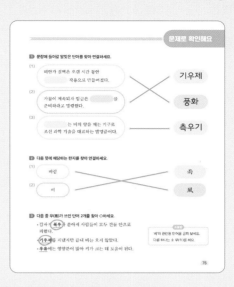

15일차

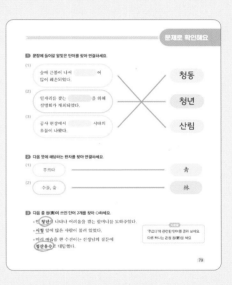

복습

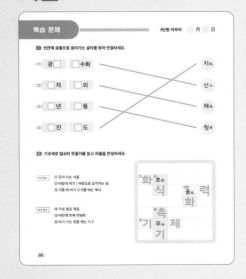

정답 3단원

우리 자연

16일차

17일차

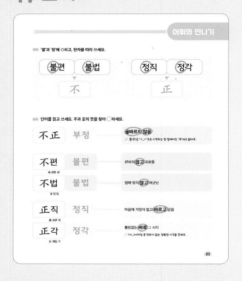

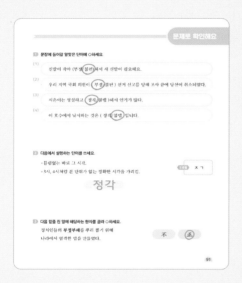

18일차

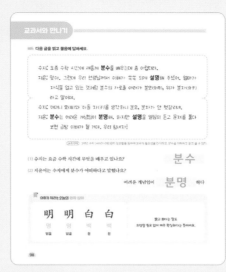

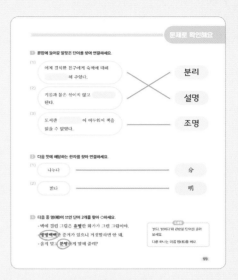

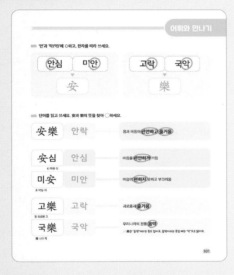

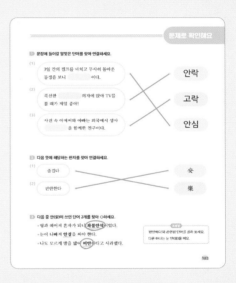

복습

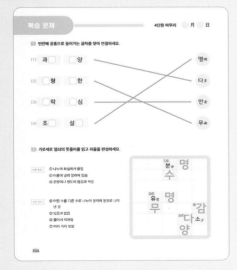

정답 **4**단원

우리의 생각

21일차

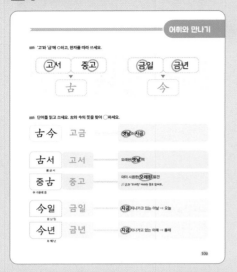

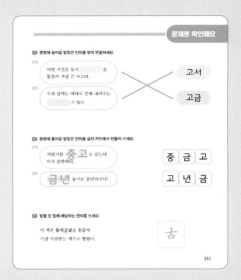

22일차

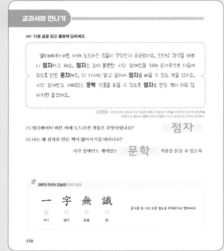

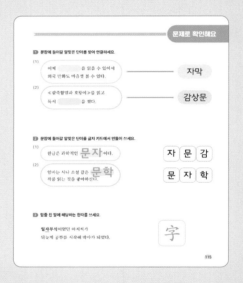

23일차

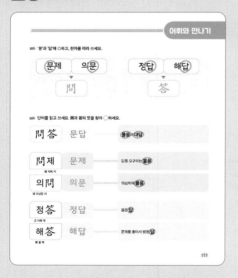

24일차

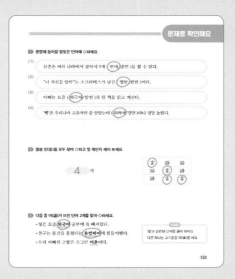

25일차

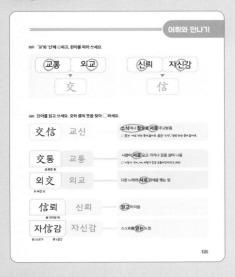

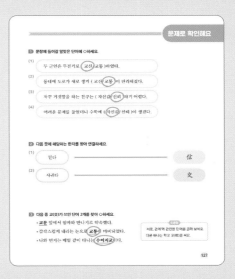

복습

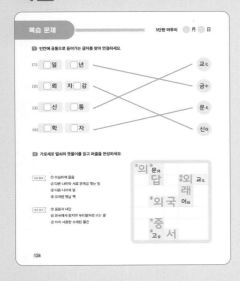

정답 **5**단원

우리의 말

26일차

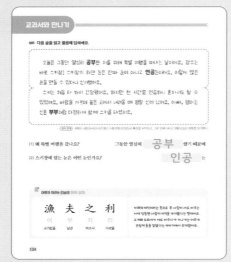

27일차

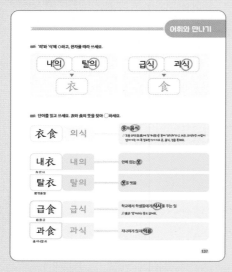

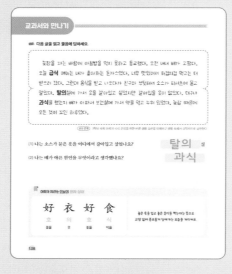

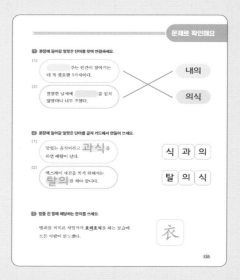

28일차

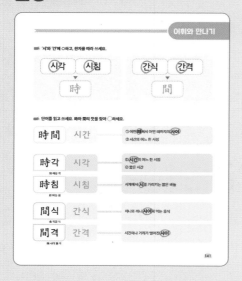

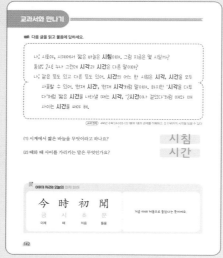

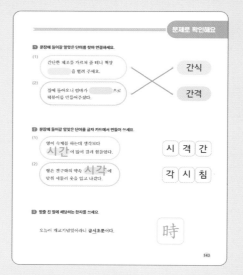

29일차

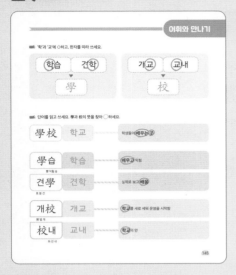

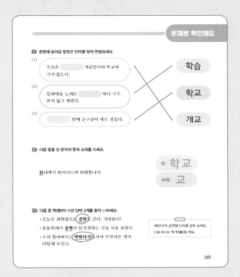

30일차

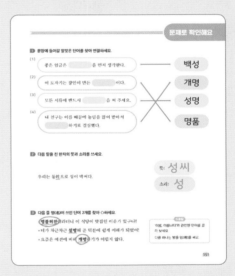

복습

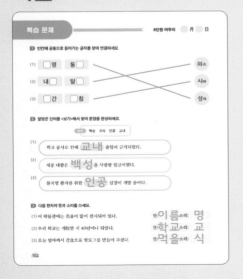

정답 **6**단원

우리 생활

최소한의 초등한자 2권

초판 1쇄 인쇄 2024년 11월 18일
초판 1쇄 발행 2024년 11월 25일

지은이	김연수
펴낸이	하인숙

기획총괄	김현종
책임편집	박아영
그림	최은지
디자인	d.purple
사진 그림	Freepik

펴낸곳	더블북
출판등록	2009년 4월 13일 제2022-000052호
주소	서울시 양천구 목동서로 77 현대월드타워 1713호
전화	02-2061-0765 팩스 02-2061-0766
블로그	https://blog.naver.com/doublebook
인스타그램	@doublebook_pub
포스트	post.naver.com/doublebook
페이스북	www.facebook.com/doublebook1
이메일	doublebook@naver.com

ⓒ 김연수, 2024
979-11-93153-44-4(64710)
979-11-93153-42-0 (세트)